中外教育名著导读书系

董仲舒、王充教育名著导读

王凌皓　主编
杨　冰　著

吉林文史出版社

图书在版编目（CIP）数据

董仲舒、王充教育名著导读 / 杨冰著. —— 长春：
吉林文史出版社，2013.11（2025.9重印）
（中外教育名著导读书系 / 王凌皓主编）
ISBN 978-7-5472-1776-4

Ⅰ. ①董… Ⅱ. ①杨… Ⅲ. ①董仲舒（前179～前
104）－教育思想②王充（27～97）－教育思想 Ⅳ.
①G40-092.34

中国版本图书馆CIP数据核字（2013）第264862号

董仲舒、王充教育名著导读

DONGZHONGSHUWANGCHONGJIAOYUMINGZHUDAODU

主编/王凌皓

著者/杨　冰

责任编辑/高冰若

封面设计/李岩冰　董晓丽

印装/唐山富达印务有限公司

开本/720mm×1000mm　1/16

字数/160千字

印张/9.75

版次/2013年11月第1版　2025年9月第7次印刷

出版发行/吉林文史出版社

地址/长春市福祉大路5788号

书号/ISBN 978-7-5472-1776-4

定价/58.00元

目　录

董仲舒教育名著导读

一　董仲舒其人

（一）生平及其所处的时代

儒学在两千多年的发展过程中，经过了两次重大的改造。一次是西汉的董仲舒，纳阴阳五行学说入儒，将儒学神学化；另一次是南宋的朱熹，纳佛、道二教之思想入儒，将儒学理学化。董仲舒不仅是西汉时期杰出的思想家、教育家，而且也是中国历史上有重大影响的人物。[1]

董仲舒（前179—前104年），西汉广川郡（今河北省景县）人，董仲舒自幼勤习儒家经典，是研究《春秋公羊》学的著名学者，汉景帝时曾为博士。他以在学术上的高深造诣和"三年不窥园"的治学精神，赢得了当时读书人的尊敬，许多人纷纷聚其门下，拜他为师，这一切使董仲舒获"博学君子"、"汉代孔子"之美誉。武帝即位，董仲舒在"对贤良策"时提出的建议，受到了汉武帝的赏识，他开始参加实际的政治活动，先后担任过江都王刘非和胶东王刘端的国相。但因灾异下狱，被贬为中大夫，在政治上终不得志，于公元前121年托病弃官归家，潜心著书讲学，不问私家产业。董仲舒讲学有两种形式：一是"下帷讲诵"，二是"弟子相传"。董仲舒讲课时，他在帷幔里面讲，亲授高徒弟子，再由高徒弟子转相传授给程度较低的新同学，以提高教学效率，由此可见，其从学弟子之多。董仲舒晚年辞官回家之后，仍心系天下，朝廷每遇大事，则派人征询董仲舒的意见，据《汉书·董仲舒传》记载："朝廷如有大议，使使者及廷尉张汤就其家而问

---

[1]　王凌皓.中国教育史纲要[M].北京：人民教育出版社，2005.155.

之，其对皆有明法。"[1]

董仲舒一生著作很多，但大多失传，现存著作仅有《春秋繁露》，以及《史记·儒林列传》和《汉书·董仲舒传》中的有关资料。通过这些资料可以较为客观地了解董仲舒的社会政治思想、哲学思想和教育思想。

公元前104年，董仲舒病故，葬于西汉京师长安西郊，有一次汉武帝路过其墓地，为了表达对这位具有卓越才华且忠心耿耿的老臣的敬意，特地下马步行，自此以后文士路过此地"莫不下马"，董仲舒的墓地由此而称"下马陵"。

董仲舒一生从教数十年，通过授徒讲学为汉王朝培养了大批人才，在其弟子中，既有叱咤于汉代政治舞台的卿相大夫，如官至梁相的"兰陵褚大"、官至长史的"温吕步舒"；也有蜚声于文坛的学者、教育家，如被称为"守学不失师法"的嬴公。嬴公一边从政一边讲学，曾授徒东海孟卿和鲁眭孟，使二者成为当世名儒，而孟卿再传董学于戴德、戴圣叔侄二人，成就《大戴礼记》和《小戴礼记》，直接影响、作用于西汉及其以后的官学、私学和科举。鲁眭孟授徒颜安乐和严彭祖，使二者成为修《春秋公羊》学的知名学者，所以董仲舒无愧于"汉代孔子"之盛名。

（二）董仲舒的思想体系

董仲舒是西汉正宗经学的代表人物。他在新的历史条件下复兴了被扼杀达百余年之久的儒家文化，而且在这个新的历史时期他融会贯通了中国古典文化中各家各派的思想，把它们整合为一个崭新的思想体系。他根据景帝、武帝时代政治上统一的需要，把战国以来各家学说以及儒家各派，在《春秋》公羊学的名义下融汇起来，建立了"天人感应"的唯心主义思想体系，作为维护中央集权

---

[1] ［汉］班固.汉书·董仲舒传[M].北京：中华书局，2007.570.

封建统治的理论武器，他对汉代的文教政策有很大的实际影响，班固说："推明孔氏，抑黜百家。立学校之官，州郡举茂材孝廉，皆自仲舒发之。"[1]

董仲舒的哲学基础是"天人感应"学说。他认为天是至高无上的人格神，不仅创造了万物，也创造了人。因此，他认为天是有意志的，和人一样"有喜怒之气，哀乐之心"。人与天是相合的。这种"天人合一"的思想，继承了思孟学派和阴阳家邹衍的学说，而且将它发展得十分精致。

董仲舒认为，天生万物是有目的的，天意是要大一统的，汉王朝的皇帝是受命于天来进行统治的。各封国的王侯又受命于皇帝，大臣受命于国君。家庭关系上，儿子受命于父亲，妻子受命于丈夫，这一层层的统治关系，都是按照天的意志办的，董仲舒精心构筑的"天人感应"的神学目的论，正是把一切都秩序化、合理化，正是为汉王朝统治者巩固其中央集权专制制度服务的。

董仲舒利用阴阳五行学说，用阴阳的流转与四时相配合，推论出东南西北中的方位和金木水火土五行的关系。而且突出土居中央，为五行之主的地位，认为五行是天道的表现，并进而把这种阳尊阴卑的理论用于社会，以此而推论出"三纲五常"。这里所说的三纲是"君为臣纲，父为子纲，夫为妻纲"。

董仲舒认为，"道"是源出于天的，"天不变，道亦不变"。即是说"三纲五常"、"大一统"等维护统治秩序的"道"是永远不变的。那么，如何解释皇位的更换和朝代的更迭呢？为此，他提出了"谴告"与"改制"之说。他认为统治者为政有过失，天就出现灾害，以表示谴责与警告。如果还不知悔改，就出现怪异来惊骇。若是还不知畏惧，于是就大祸临头了。

董仲舒认为，人的认识活动受命于天，而认识的目的是了解天意。通过内省的途径就能判断是非，达到"知天"的目的。另外还必须通过对阴阳五行的观察，才能达到对天意、天道的了解。正是按照"尽心"、"知性"、"知天"的模

---

[1] [汉]班固.汉书·董仲舒传[M].北京：中华书局，2007.570.

式,达到"天人合一"。他还认为通过祭祀能与神相沟通,使之能看见一般人所看不见的东西,这样就能知道天命鬼神了,这种认识论达到了神秘的程度。

在人性论上,董仲舒异于孟子的性善论,也不同于荀子的性恶论,而是主张性三品说。他认为性是由天决定的,性是天生的质朴,虽可以为善,但并非就是善,只有"待外教然后能善",即人性善是通过教育的结果。君王要顺天之意来完成对人民的教化,他着重教化,并提出"防欲"。

董仲舒的思想,是西汉王朝总结历史经验,经历了几十年的选择而定下来的官方哲学,对巩固其统治秩序与维护大一统的局面起到了积极的作用。董仲舒不仅是正宗神学的奠基者,又是著名的经学家。

二 《对贤良策》简介

（一）《对贤良策》之成书

《对贤良策》见《汉书·董仲舒传》，是以哲理为根据的政论文。汉初所实行的"无为"政治虽然给人民提供了休养生息的机会，但也暴露了种种弊端。汉武帝即位以后，面对"无为"政治留下的种种社会矛盾，奉行什么样的政策，必须有所抉择。如要实行"有为"政治，是采用"法治"还是"德治"？在政治上应该以什么为指导思想？应该采取什么措施？汉武帝正是带着这些问题举行贤良对策的，各地推举贤良和文学的人才到朝廷参加对策。贤良、文学参加对策的前后约有一百多人。董仲舒作为贤良也被推举参加对策。汉武帝策问三次，董仲舒对策三次。针对汉武帝提出的问题，董仲舒——做了回答。这三次对策文字，就是《对贤良策》。文中着重讲到天人感应问题，又称"天人三策"。汉武帝欣赏董仲舒的对策，任他为江都相，从此董仲舒进入仕途，他之后又任过中大夫、胶西相。董仲舒辞职后退居长安陌巷。虽然如此，朝廷议论不决的问题，皇帝还派廷尉张汤等人多次到陌巷请教董仲舒。

他从"天人感应"的观点出发，认为天是至上的主宰，王权是天授的，所以王者须"承天意以从事"。《春秋》大一统，是天地的不变的原则；而政令统一又以思想学术的统一为前提。要改变汉初那种"师异道，人异论，百家殊方，指意不同"的学术混乱局面，统一思想的程序应该自上而下。由于董仲舒是一个儒家学者，所以董仲舒一开始就将思想的基调定在儒家学说的基础上，而儒家强调正定名分，最合乎中央集权政体的需要，故主张罢黜百家，独尊儒术。又以为天道有阴阳，阳为德，阴为刑，天意尊阳而卑阴，因此为政当任德教而不任刑罚。人才问题是实行"有为"政治的又一急需解决的问题，他认为吏为民之师帅，必求其贤，求贤则莫如察举与养士，养士之大在兴太学。"太学者，贤者之所关，教化之本原也"。这些思想，虽非董仲舒首次提出，但经过他的理论化和系统化，对后世封建社会产生了极为深远的影响。

（二）《对贤良策》之篇章结构

《对贤良策》是董仲舒应汉武帝贤良文学诏所写的三篇政论文。汉武帝策问三次，董仲舒对策三次。在第一次对策中，董仲舒以天命神学讲明了维护汉王朝统治的依据；第二次对策的主要内容是治理国家的政术；第三次对策的主要内容是"天人感应"的学说，即神权、君权的关系。三策都曾深入阐述了"尊崇儒术"的思想。

第一策主要是"天命"和"情性"问题；第二策共四个问题，分别是①关于黄老无为和孔孟有为的问题。②黄老尚质与儒学尚文的问题。③任德任刑的问题。④现实的执政问题。第三策提出"尊崇儒术"的思想。[1]

（三）《对贤良策》之历史评价

《对贤良策》从天人关系的角度论证了封建政权及伦理道德的合理性，提出了君权神授和王道之三纲皆源于天等重要命题。集中体现了董仲舒的学术思想，是以阴阳五行为框架的神学化的儒学。这一学说满足了当时社会经济、政

---

[1] 刘新科，栗洪武.中外教育名著选读[M].中国人民大学出版社，2008.115.

治、文化发展的需要，被汉武帝采纳，构成了汉代上层建筑的中心指导思想。针对董仲舒的三项建议，汉武帝先后采取了三项措施：①立五经博士；②开设太学；③确立察举制。

董仲舒是一位对汉代政策特别是文教政策产生重大影响的人物，《汉书》的作者班固说："及仲舒对册，推明孔氏，抑黜百家。立学校之官，州郡举茂材孝廉，皆自仲舒发之。"[1]董仲舒三大文教政策特别是"独尊儒术"的提出，对中国封建社会的文化教育产生了极为深远的影响。从此以后，儒家思想成为中国封建社会的统治思想；儒家经典成为国家规定的教科书；儒家的道德观成为道德教育的依据。这些都有助于巩固当时封建中央集权统治。由此我们可以比较秦汉的文教政策，秦始皇和李斯都曾采用法家思想作为中国社会的统治思想，但其结果反而加速了秦朝的灭亡。而董仲舒、汉武帝等则吸取历史教训，改变思想路线，成功地将儒学抬到了独尊的地位。其中的原因除了法家思想和儒家思想本身所具有不同的内在特质、符合不同的时代要求以外，与不同阶级统治集团在实行思想统一的过程中采取不同的措施有密切的关系。秦朝一味地采取"法治"的政策，对异端思想实行严厉的打击，而汉朝实行的是一种名利引诱的政策，鼓励儒学，冷淡异端，显然后者的方式更成功、更能为人们所接受，起到了控制思想又缓和矛盾的作用。

但是，成功也并不等于合理，儒家思想长期占据独尊的地位，无疑对各种非儒家的学术思想起到了抑制作用，从而不利于文化的整体发展。

---

[1] [汉]班固.汉书·董仲舒传[M].北京：中华书局，2007.570.

三 《对贤良策》教育章句导读

董仲舒的教育思想与他的整个思想学说关系十分密切。董仲舒的思想学说是吸收了阴阳五行学说并将其纳入儒家思想体系之后形成的神学化的儒学，在其神学化的儒学的影响下，董仲舒提出了他的三大文教政策，即"兴太学以养士"、"重选举以取士"、"罢黜百家，独尊儒术"。这对汉代文教的发展乃至政治的改革都起到了相当重要的作用，而且影响深远。本编则主要节选了其中阐述教化重要性的章句，其所强调的"强勉"、"刻琢"、"更化"等等，对于现今教育思想的改革与教师道德的培养，是颇有借鉴意义的。

（一）教化为治国大务

制曰：朕获承至尊休德，传之亡穷，而施之罔极，任大而守重，是以夙夜不皇康宁，永惟万事之统，犹惧有阙。故广延四方之豪俊，郡国诸侯公选贤良修洁博习之士，欲闻大道之要，至论之极。今子大夫褎然为举首，朕甚嘉之。子大夫其精心致思，朕垂听而问焉。

盖闻五帝三王之道，改制作乐而天下洽和，百王同之。当虞氏之乐莫盛于《韶》，于周莫盛于《勺》。圣王已没，钟鼓管弦之声未衰，而大道微缺，陵夷至乎桀纣之行，王道大坏矣。夫五百年之间，守文之君，当涂之士，欲则先王之法以戴翼其世者甚众，然犹不能反，日以仆灭，至后王而后止，岂其所持操或悖谬而失其统与？固天降命不可复反，必推之于大衰而后息与？乌呼！凡所为屑屑，夙兴夜寐，务法上古者，又将无补与？三代受命，其符安在？灾异之变，何缘而起？性命之情，或夭或寿，或仁或鄙，习闻其号，未烛厥理。伊欲风流而令行，刑轻而奸改，百姓和乐，政事宣昭，何修何饬而膏露降，百谷登，德润四海，泽臻草木，三光全，寒暑平，受天之祐，享鬼神之灵，德泽洋溢，施乎方外，延及群生？

子大夫明先圣之业，习俗化之变，终始之序，讲闻高谊之日久矣，其明以谕朕。科别其条，勿猥勿并；取之于术，慎其所出。乃其不正不直，不忠不极，枉于执事，书之不泄，兴于朕躬，毋悼后害。子大夫其尽心靡有所隐，朕将亲览焉。

仲舒对曰：

陛下发德音，下明诏，求天命与情性，皆非愚臣之所能及也。

臣谨案《春秋》之中，视前世已行之事，以观天人相与之际，甚可畏也。国家将有失道之败，而天乃先出灾害以谴告之；不知自省，又出怪异以警惧之；尚不知变，而伤败乃至。以此见天心之仁爱人君而欲止其乱也。自非大亡道之世者，天尽欲扶持而安全之，事在强勉而已矣。强勉学问，则闻见博而知益明；强勉行道，则德日起而大有功：此皆可使还至而立有效者也。《诗》曰："夙夜匪懈"，《书》云："茂哉茂哉！"皆强勉之谓也。

道者，所繇适于治之路也，仁义礼乐皆其具也。故圣王已没，而子孙长久安宁数百岁，此皆礼乐教化之功也。王者未作乐之时，乃用先王之乐宜于世者，而以深入教化于民。教化之情不得，雅颂之乐不成，故王者功成作乐，乐其德也。乐者，所以变民风，化民俗也；其变民也易，其化人也著。故声发于和而本于情，接于肌肤，臧于骨髓。故王道虽微缺，而管弦之声未衰也。夫虞氏之不为政久矣，然而乐颂遗风犹有存者，是以孔子在齐而闻《韶》也。夫人君莫不欲安存而恶危亡，然而政乱国危者甚众，所任者非其人，而所繇者非其道，是以政日以仆灭也。夫周道衰于幽、厉，非道亡也，幽、厉不繇也。至于宣王，思昔先王之德，兴滞补弊，明文、武之功业，周道粲然复兴，诗人美之而作，上天祐之，为生贤佐，后世称诵，至今不绝。此凤夜不懈行善之所致也。孔子曰"人能弘道，非道弘人"也。故治乱废兴在于己，非天降命不得可反，其所操持悖谬失其统也。[1]

汉武帝策问董仲舒"三代受命，其符安在"；"灾异之变，何缘而起"；"性命之情"，为何有善恶之分？在这种情况下，当如何才能使"百姓和乐"，德泽普降呢？董仲舒以天命神学讲明了维护王朝统治的依据，同时强调了人事的重要，董仲舒认为"事在强勉"，"治乱兴废在于己"，只要尽力"行道"，那就会"德日起而大有功"，就可以收到速效，统治地位就可以巩固。在董仲舒看来，君主的重要职责是实施教化。他认为，仁、义、礼、乐都是治道的工具，古代圣王所以能够长治久安，都是礼乐教化的功效，所以王者应"以教化为大务"。由此得知，董仲舒认识到教育作为统治手段的重要作用。

为什么要进行教化？教化的社会功能是什么？这些问题在战国时代角力、秦代任刑罚以后，人们觉得模糊了，有必要正本清源、拨乱反正。在统治者那里，对教化的重要性认识不足，危害性就更大。当汉武帝提出如何才能长治久安，"传之亡穷而施之罔极"时，董仲舒趁机强调教化的重要性。他说："圣王已没，而子孙长久安宁数百岁，此皆礼乐教化之功也。"

教化为什么有这么大的作用呢？治理国家有一定的路线，就是道。道要由仁义礼乐这些内容来体现。这些内容是圣人根据人的一般情性来规定的。所以圣人虽然早已死了，而他们制订的礼乐制度还存在，还能"接于肌肤，臧于骨髓"，产生深刻影响，可以"变民风，化民俗"，起着明显的移风易俗的作用。人民有性和情两方面，在不同的情况下会产生不同的变化。也就是说，人的善恶仁鄙在于"陶冶"。统治者既可以用德政来引导人民向善，也可以用暴政引导人民趋恶，关键在于统治者如何引导。

今陛下贵为天子，富有四海，居得致之位，操可致之势，又有能致之资，行高而

[1]　[汉]班固.汉书·董仲舒传[M].北京:中华书局,2007.561—562.

恩厚，知明而意美，爱民而好士，可谓谊主矣，然而天地未应而美样莫至者，何也？凡以教化不立而万民不正也。夫万民之从利也，如水之走下，不以教化堤防之，不能止也。是故教化立而奸邪皆止者，其堤防完也；教化废而奸邪并出，刑罚不能胜者，其堤防坏也。古之王者明于此，是故南面而治天下，莫不以教化为大务。立大学以教于国，设庠序以化于邑，渐民以仁，摩民以谊，节民以礼，故其刑罚甚轻而禁不犯者，教化行而习俗美也。

圣王之继乱世也，埽除其迹而悉去之，复修教化而崇起之。教化已明，习俗已成，子孙循之，行五六百岁尚未败也。至周之末世，大为亡道，以失天下。秦继其后，独不能改，又益甚之，重禁文学，不得挟书，弃捐礼谊而恶闻之，其心欲尽灭先圣之道，而颛为自恣苟简之治，故立为天子，十四岁而国破亡矣。自古以来，未尝有以乱济乱，大败天下之民如秦者也，其遗毒余烈，至今未灭，使习俗薄恶，人民嚚顽，抵冒殊扞，孰烂如此之甚者也。孔子曰："朽木不可雕也；粪土之墙，不可圬也。"今汉继秦之后，如朽木粪墙矣，虽欲善治之，亡可奈何。法出而奸生，令下而诈起，如以汤止沸，抱薪救火，愈甚亡益也。窃譬之琴瑟不调，甚者必解而更张之，乃可鼓也；为政而不行，甚者必变而更化之，乃可理也。当更张而不更张，虽有良工不能善调也；当更化而不更化，虽有大贤不能善治也。故汉得天下以来，常欲善治而至今不可善治者，失之于当更化而不更化也。古人有言曰："临渊羡鱼，不如退而结网。"今临政而愿治七十余岁矣，不如退而更化；更化则可善治，善治则灾害日去，福禄日来。《诗》云："宜民宜人，受禄于天。"为政而宜于民者，固当受禄于天。夫仁谊礼知信五常之道，王者所当修饬也；五者修饬，故受天之祐而享鬼神之灵，德施于方外，延及群生也。[1]

董仲舒指出："夫上之化下，下之从上，犹泥之在钧，唯甄者之所为；犹金之在镕，唯冶者之所铸。"人民的性情可塑性很强，就看统治者如何塑造他们。人

━━━━━━━━━

[1] [汉]班固.汉书·董仲舒传[M].北京：中华书局，2007.563—564.

民趋利避害是本性，就像水向下流那样。趋利会导致邪恶、混乱，因此就要用教化来提防、限制这种趋势的蔓延。"是故教化立而奸邪皆止者，其堤防完也；教化废而奸邪并出，刑罚不能胜者，其堤防坏也。"教化就是堤防。教化立，堤防完备，不正之风就少，社会就能安定。如果教化废，不正之风十分流行，用严刑峻法也制止不了，就说明堤防坏了。可见，教化这种社会堤防是极其重要的。古之王者明白这个道理，所以"南面而治天下，莫不以教化为大务"。没有不把教化作为治国的大事的。古圣王"立大学以教于国，设庠序以化于邑。渐民以仁，摩民以谊，节民以礼，故其刑罚甚轻而禁不犯者，教化行而习俗美也"。古代圣王设立学校，加强教育，习俗美善，社会安定。这样，统治者才能长久保持统治地位。

实行统治，主要有两条路线，一是大道，一是亡道。行大道就是"任德教而不任刑"，行亡道就是"废德教而任刑罚"。这两条路线的后果如何呢？历史有丰富的经验教训。圣王取代乱世以后，总要先扫除旧社会的不良习俗，然后大兴教育，建立良好的社会风气。这样，子孙继承，几百年都能保持安定。"至周之末世，大为亡道，以失天下。"后继者秦朝没有改变乱世的习俗，反而把乱世习俗推向极端，不但不重视教育，而且要破坏文明。"重禁文学，不得挟书，弃捐礼谊而恶闻之，其心欲尽灭先圣之道，而颛(专)为自恣苟简之治，故立为天子十四岁而国破亡矣。"历来王朝没有像秦朝这么迅速灭亡，也没有像秦朝统治者这么残暴的。秦朝灭亡了，它的遗毒至今还存在。"今废先王德教之官，而独任执法之吏治民"，这不是要步秦朝灭亡的后尘吗？

董仲舒郑重提出应该"更化"，改变秦朝任刑罚的错误路线，实行德教的新路线。简单地说要重视教育。教育能够移风易俗，稳定社会，达到长治久安。从这种意义上说，"治乱废兴在于己，非天降命不可得反，其所操持悖谬失其统也"。治乱废兴不是由天命决定的，而是由统治者自己决定的，由自己实行什么路线决定的。行大道,重教化,国泰民安。行亡道,重刑罚,亡国灭身。总之,董仲舒认为,教育是关系到国家存亡兴衰的大事。

(二)"天命"、"情性"与任德任刑

臣闻命者天之令也,性者生之质也,情者人之欲也。或夭或寿,或仁或鄙,陶冶而成之,不能粹美,有治乱之所生,故不齐也。孔子曰:"君子之德风也,小人之德草也,草上之风必偃。"故尧舜行德则民仁寿,桀纣行暴则民鄙夭。夫上之化下,下之从上,犹泥之在钧,唯甄者之所为;犹金之在镕,唯冶者之所铸。"绥之斯徕,动之斯和",此之谓也。

臣谨案《春秋》之文,求王道之端,得之于正。正次王,王次春。春者,天之所为;正者,王之所为也。其意曰,上承天之所为,而下以正其所为,正王道之端云尔。然则王者欲有所为,宜求其端于天。天道之大者在阴阳。阳为德,阴为刑;刑主杀而德主生。是故阳常居大夏,而以生育养长为事;阴常居大冬,而积于空虚不用之处。以此见天之任德不任刑也。天使阳出布施于上而主岁功,使阴入伏于下而时出佐阳;阳不得阴之助,亦不能独成岁。终阳以成岁为名,此天意也。王者承天意以从事,故任德教而不任刑。刑者不可任以治世,犹阴之不可任以成岁也。为政而任刑,不顺于天,故先王莫之肯为也。今废先王德教之官,而独任执法之吏治民,毋乃任刑之意与!孔子曰:"不教而诛谓之虐。"虐政用于下,而欲德教之被四海,故难成也。[1]

关于天命与人性问题,董仲舒综合了先秦的性善论和性恶论,提出了人性有善有恶的思想,即"或夭或寿,或仁或鄙,陶冶而成之,不能粹美,有治乱之所生,故不齐也"。他认为,人有阴阳,人是天的副本,所以人性也包含对立的两

———————————
[1] [汉]班固.汉书·董仲舒传[M].北京:中华书局,2007.562-563.

种成分，即性与情。董仲舒从神学化的儒学出发，提出王者的职责就在于"承天意以从事，任德教而不任刑"，董仲舒用天命神学申明了维护王朝统治的依据。

（三）三大文教政策

董仲舒的三大文教政策是适应汉武帝谋求封建大一统的政治需要的，是在《对贤良策》或曰"天人三策"中提出来的。董仲舒提出的三大文教政策基本都被武帝所采纳，对汉代及汉以后学术文化、学校教育制度和选士制度的形成与发展皆产生了深远影响。董仲舒三大文教政策的理论基础是"天道任德教而不用刑罚"的神学化的儒学，从这一理论观点出发，他提出"治天下以教化为大务"的主张。在董仲舒看来："夫万民之从利也，如水之走下，不以教化堤防之，不能止也。是故教化立而奸邪皆止者，其堤防完也；教化废而奸邪并出，刑罚不能胜者，其堤防坏也。古之王者明于此，是故南面而治天下，莫不以教化为大务；立大学以教于国，设庠序以化于邑，渐民以仁，摩民以谊，节民以礼，故其刑罚甚轻而禁不犯者，教化行而习俗美也。"由此不难看出，董仲舒的文教政策是从治国安民的政治高度提出来的，是为了满足封建大一统的政治需要而孕育产生的。

1. 兴太学以养士

天子览其对而异焉，乃复册之曰：

制曰：盖闻虞舜之时，游于岩郎之上，垂拱无为，而天下太平。周文王至于日昃不暇食，而宇内亦治。夫帝王之道，岂不同条共贯与？何逸劳之殊也？

盖俭者不造玄黄旌旗之饰。及至周室，设两观，乘大路，朱干玉戚，八佾陈于庭，而颂声兴。夫帝王之道岂异指哉？或曰良玉不瑑，又曰非文无以辅德，二端异焉。

殷人执五刑以督奸，伤肌肤以惩恶。成康不式，四十余年天下不犯，图圄空虚。秦国用之，死者甚众，刑者相望，耗矣哀哉！乌呼！

朕夙寤晨兴，惟前帝王之宪，永思所以奉至尊，章洪业，皆在力本任贤。今朕亲耕藉田以为农先，劝孝弟，崇有德，使者冠盖相望，问勤劳，恤孤独，尽思极神，功烈休德未始云获也。今阴阳错缪，氛气充塞，群生寡遂，黎民未济，廉耻贸乱，贤不肖浑淆，未得其真，故详延待起之士，意庶几乎！今子大夫待诏百有余人，或道世务而未济，稽诸上古而不同，考之于今而难行，毋乃牵于文系而不得骋欤？将所繇异术，所闻殊方与？各悉对，著于篇，毋讳有司。明其指略，切磋究之，以称朕意。

仲舒对曰：

臣闻圣王之治天下也，少则习之学，长则才诸位，爵禄以养其德，刑罚以威其恶，故民晓于礼谊而耻犯其上。武王行大谊，平残贼，周公作礼乐以文之，至于成康之隆，图圄空虚四十余年。此亦教化之渐而仁谊之流，非独伤肌肤之效也。至秦则不然，师申商之法，行韩非之说，憎帝王之道，以贪狼为俗，非有文德以教训于天下也。诛名而不察实，为善者不必免，而犯恶者未必刑也。是以百官皆饰空言虚辞而不顾实，外有事君之礼，内有背上之心，造伪饰诈，趣利无耻；又好用憯酷之吏，赋敛亡度，竭民财力，百姓散亡，不得从耕织之业，群盗并起。是以刑者甚众，死者相望，而奸不息，俗化使然也。故孔子曰："导之以政，齐之以刑，民免而无耻"，此之谓也。

今陛下并有天下，海内莫不率服，广览兼听，极群下之知，尽天下之美，至德昭然，施于方外，夜郎、康居，殊方万里，说德归谊，此太平之致也。然而功不加于百姓者，殆王心未加焉。曾子曰："尊其所闻，则高明矣；行其所知，则光大矣。高明光大，不在于它，在乎加之意而已。"愿陛下因用所闻，设诚于内而致行之，则三王何异哉!

陛下亲耕藉田以为农先,凤寐晨兴,忧劳万民,思惟往古,而务以求贤,此亦尧、舜之用心也,然而未云获者,士素不厉也。夫不素养士而欲求贤,譬犹不瑑玉而求文采也。故养士之大者,莫大呼太学;太学者,贤士之所关也,教化之本原也。今以一郡一国之众,对亡应书者,是王道往往而绝也。臣愿陛下兴太学,置明师,以养天下之士,数考问以尽其材,则英俊宜可得矣。[1]

要移风易俗,必须重视教育。忽视教育,社会风气就会败坏。要改变秦朝遗留下来的"以贪狼为俗",就需要"众圣辅德,贤能佐职",也就是需要一大批人才。人才从哪儿来?到哪儿去求贤?要求人才,必须在于注意、重视培养人才,"故养士之大者,莫大呼太学。太学者,贤士之所关也,教化之本原也。"太学是养士的最大部门。太学是出人才的地方,也是教化的最主要阵地。董仲舒建议:"兴太学,置明师,以养天下之士,数考问以尽其才,则英俊宜可得矣。"办太学,请高明的教师,来培养从全国各地选拔来的学员,再经过各种方式的考试,充分发挥他们的各种才能,这样就可以培养出一批贤才来。

董仲舒继承了历史上举贤养士的优秀思想,站在维护皇权、维持封建大一统的立场上,从国家政治发展的长远利益出发,从官吏队伍的建设出发,提出欲提高吏员素质、壮大统治力量,必须重视发展教育,在发展教育的过程中,中央政府首先拨款建立在全国起示范作用的官立高等学府,即太学,加强太学的领导,在太学中聘请名师培育人才,以备政府之需要,否则,若无人才,国家之治就是一句空话。他说:"夫不素养士而欲求贤,譬犹不瑑玉而求文采也。故养士之大者,莫大呼太学;太学者,贤士之所关也,教化之本原也。今以一郡一国之众,对亡应书者,是王道往往而绝也。臣愿陛下兴太学,置明师,以养天下之士,数考问以尽其才,则英俊宜可得矣。"养士三法以太学为最重要,所以他又说:

[1] [汉]班固.汉书·董仲舒传[M].北京:中华书局,2007.564—566.

"故养士之大者，莫大呼太学。太学者贤士之所关也，教化之本原也。"他要求汉武帝"兴太学，置明师，以养天下之士"。

董仲舒兴太学以养士的动意为汉武帝欣然采纳，并责成丞相公孙弘付诸实施，公元前124年，即汉武帝元朔五年，在西汉京师长安设太学，置博士2人，博士弟子50人，自此，建立起了以长安为首的中央官学体制。太学自汉武帝始设以后，成为封建官学的龙头样板，在人才培养上功不可没，成就斐然，中国封建社会的许多官吏皆太学出身，他们有很高的文化素养和政治水平，以及很强的从政能力。

2. 重选举以取士

今之郡守县令，民之师帅，所使承流而宣化也；故师帅不贤，则主德不宣，恩泽不流。今吏既亡教训于下，或不承用主上之法，暴虐百姓，与奸为市，贫穷孤弱，冤苦失职，甚不称陛下之意。是以阴阳错缪，氛气充塞，群生寡遂，黎民未济，皆长吏不明，使至于此也。

夫长吏多出于郎中、中郎，吏二千石子弟选郎吏，又以富訾，未必贤也。且古所谓功者，以任官称职为差，非所谓积日累久也。故小才虽累日，不离于小官；贤才虽未久，不害为辅佐，是以有司竭力尽知，务治其业而以赴功。今则不然，累日以取贵，积久以致官，是以廉耻贸乱，贤不肖浑淆，未得其真。臣愚以为，使诸列侯、郡守、二千石各择其吏民之贤者，岁贡各二人以给宿卫，且以观大臣之能；所贡贤者有赏，所贡不肖者有罚。夫如是，诸侯、吏二千石皆尽心于求贤，天下之士可得而官使也。遍得天下之贤人，则三王之盛易为，而尧舜之名可及也。毋以日月为功，实试贤能为上，量材而授官，录德而定位，则廉耻殊路，贤不肖异处矣。陛下加惠，宽臣之罪，令勿牵制于文，使得切磋究之，臣敢不尽愚![1]

---

[1] [汉]班固.汉书·董仲舒传[M].北京：中华书局，2007.566.

为了改革吏治，董仲舒主张把养士与选才结合起来，使学校培养出来的人才和社会上的各类人才都能充分发挥作用。董仲舒提出了改革管理的铨选制度，建立察举制的建议。即在中央办太学培养贤才的同时，让各郡县推荐自学成才的贤才。

首先，董仲舒提出了汉代普遍盛行的"任子"、"纳赀"和"年资"等选官制度的弊端，然后提出了以察举制代之。并且提出了一套可行性的选士方案。汉代选拔官吏主要有三种途径：一是官僚子弟，二是花钱买的，三是熬年头熬出来的。董仲舒认为这三种途径出来的官吏未必是贤人。特别是熬年头的论资排辈，压抑了大批贤才。为此，董仲舒建议："使诸列侯、郡守、二千石各择其吏民之贤者，岁贡各二人以给宿卫，且以观大臣之能；所贡贤者有赏，所贡不肖者有罚。夫如是，诸侯、吏二千石皆尽心于求贤，天下之士可得而官使也。遍得天下之贤人，则三王之盛易为，而尧舜之名可及也。毋以日月为功，实试贤能为上，量才而授官，录德而定位，则廉耻殊路，贤不肖异外矣。"如果有这种制度，官僚们都尽心求贤，那么，天下贤才也就可以得到了。"毋以日月为功，实试贤能为上，量才而授官，录德而定位，则廉耻殊路，贤不肖异处矣。"不要按他干了多少年了，要根据每个人在实际中表现出的道德和才能来任职。"小才虽累日，不离于小官，贤才虽未久，不害为辅佐。"这种选拔人才的方法又会反过来影响到教育。学生认真学习，各级官吏竭力尽知，做好自己的工作。但是，反过来，按上述三条途径选人，官僚子弟不必学习，也可以任官，百姓子弟努力学习也当不上官。官僚子弟不必学，百姓子弟不想学。虽有太学，也无法真正实行教化。用钱买当然不是长久之计。论资排辈会培养一批庸才，大家都在混日子，"累日以取贵，积久以致官，是以廉耻贸乱，贤不肖浑淆，未得其真。"大家都混日子，分不清谁是贤才。虽然办了太学，也讲要重视教化，但在实际中并不重视贤才，不给贤才以崇高的社会地位和优厚的政治待遇，那么，太学也兴旺不起来，所谓教化也会流于空谈。

董仲舒重选举以选士的建议也被汉武帝采纳，且责成丞相公孙弘拟定具体方案贯彻实施，使察举制成为中国取士制度发展的初级阶段，曾为汉王朝选拔了大批的治国经邦的人才。

3. 罢黜百家，独尊儒术

制曰：盖闻"善言天者必有徵于人，善言古者必有验于今"。故朕垂问乎天人之应，上嘉唐虞，下悼桀纣，寖微寖灭，寖明寖昌之道，虚心以改。今子大夫明于阴阳所以造化，习于先圣之道业，然而文采未极，岂惑乎当世之务哉？条贯靡竟，统纪未终，意朕之不明与？听若眩与？

夫三王之教所祖不同，而皆有失，或谓久而不易者道也，意岂异哉？今子大夫既已著大道之极，陈治乱之端矣，其悉之究之，孰之复之。《诗》不云乎："嗟尔君子，毋常安息，神之听之，介尔景福。"朕将亲览焉，子大夫其茂明之！

仲舒复对曰：

臣闻《论语》曰："有始有卒者，其唯圣人乎！"今陛下幸加惠，留听于承学之臣，复下明册，以切其意，而究尽圣德，非愚臣之所能具也。前所上对，条贯靡竟，统纪不终，辞不别白，指不分明，此臣浅陋之罪也。

册曰："善言天者必有徵于人，善言古者必有验于今。"臣闻天者群物之祖也，故遍覆包函而无所殊，建日月风雨以和之，经阴阳寒暑以成之。故圣人法天而立道，亦溥爱而亡私，布德施仁以厚之，设谊立礼以导之。春者天之所以生也，仁者君之所以爱也；夏者天之所以长也，德者君之所以养也；霜者天之所以杀也，刑者君之所以罚也。繇此言之，天人之徵，古今之道也。孔子作《春秋》，上揆之天道，下质诸人情，参之于古，考之于今。故《春秋》之所讥，灾害之所加也；《春秋》之所恶，怪异之所施也。书邦家之过，兼灾异之变，以此见人之所为，其美恶之极，乃与天地流通而往来相应，此亦言天之一端也。古者修教训之官，务以德善化民，民已大化之后，天下常亡一人之狱矣。今世废而不修，亡以化民，民以故弃行谊而死财利，是以犯法而罪多，一岁之狱以万千数。以此见古之不可不用也，故《春秋》变古则讥之。天令之谓命，命非圣人不行；质朴之谓性，性非教化不成；人欲之谓情，情非度制不节。是故王者上谨于承天意，以顺命也；下务明教化民，以成性也；正法度之宜，别上下之序，以防欲也；修此三者，而大本举矣。人受命于天，固超然异于群生，入有父子兄弟之亲，出有君臣上下之谊，会聚相通，则有耆老长幼之施；粲然有文以相接，欢然有恩以相爱，此人之所以贵也。生五谷以食之，桑麻以衣之，六畜以养之，服牛乘马，圈豹槛虎，是其得天之灵，贵于物也。故孔子曰："天地之性人为贵。"明于天性，知自贵于物；知自贵于物，然后知仁谊；知仁谊，然后重礼节；重礼节，然后安处善；安处善，然后乐循理；乐循理，然后谓之君子。故孔子曰"不知命，亡以为君子"，此之谓也。

　　册曰："上嘉唐虞，下悼桀纣，寖微寖灭，寖明寖昌之道，虚心以改。"臣闻众少成多，积小致钜，故圣人莫不以晻致明，以微致显。是以尧发于诸侯，舜兴乎深山，非一日而显也，盖有渐以致之矣。言出于己，不可塞也；行发于身，不可掩也。言行，治之大者，君子之所以动天地也。故尽小者大，慎微者著。《诗》云："惟此文王，小心翼翼。"胡尧兢兢日行其道，而舜业业日致其孝，善积而名显，德章而身尊，以其寖明寖昌之道也。积善在身，犹长日加益，而人不知也；积恶在身，犹火之销膏，而人不见也。非明乎情性察乎流俗者，孰能知之？此唐虞之所以得令名，而桀、纣之可为悼惧者也。夫善恶之相从，如景乡之应形声也。故桀纣暴谩，谗贼并进，贤知隐伏，恶日显，国日乱，晏然自以如日在天，终陵夷而大坏。夫暴逆不仁者，非一日而亡也，亦以渐至，故桀、纣虽亡道，然犹享国十余年，此其寖微寖灭之道也。

　　册曰："三王之教所祖不同，而皆有失，或谓久而不易者道也，意岂异哉？"臣闻夫乐而不乱复而不厌者谓之道；道者，万世亡弊，弊者道之失也。先王之道

21

必有偏而不起之处，故政有眊而不行，举其偏者以补其弊而已矣。三王之道所祖不同，非其相反，将以救溢扶衰，所遭之变然也。故孔子曰："亡为而治者，其舜乎！"改正朔，易服色，以顾天命而已；其余尽循尧道，何更为哉！故王者有改制之名，亡变道之实。然夏上忠，殷上敬，周上文者，所继之救，当用此也。孔子曰："殷因于夏礼，所损益可知也；周因于殷礼，所损益可知也；其或继周者，虽百世可知也。"此言百王之用，以此三者矣。夏因于虞，而独不言所损益者，其道如一而所上同也。道之大原出于天，天不变，道亦不变，是以禹继舜，舜继尧，三圣相受而守一道，亡救弊之政也，故不言其所损益也。繇是观之，继治世者其道同，继乱世者其道变。今汉继大乱之后，若宜少损周之文致，用夏之忠者。陛下有明德嘉道，愍世俗之靡薄，悼王道之不昭，故举贤良方正之士，论（谊）〔议〕考问，将欲兴仁谊之休德，明帝王之法制，建太平之道也。臣愚不肖，述所闻，诵所学，道师之言，廑能勿失耳。若乃论政事之得失，察天下之息耗，此大臣辅佐之职，三公九卿之任，非臣仲舒所能及也。然而臣窃有怪者。夫古之天下亦今之天下，今之天下亦古之天下，共是天下，古（亦）〔以〕大治，上下和睦，习俗美盛，不令而行，不禁而止，吏亡奸邪，民亡盗贼，囹圄空虚，德润草本，泽被四海，凤凰来集，麒麟来游，以古淮今，壹何不相逮之远也！安所缪盭而陵夷若是？意者有所失于古之道与？有所诡于天之理与？试迹之〔于〕古，返之于天，党可得见乎！

夫天亦有所分予，予之齿者去其角，傅其翼者两其足，是所受大者不得取小也。古之所予禄者，不食于力，不动于末，是亦受大者不得取小，与天同意者也。夫已受大，又取小，天不能足，而况人乎，此民之所以嚣嚣苦不足也。身宠而载高位，家温而食厚禄，因乘富贵之资力，以与民争利于下，民安能如之哉！是故众其奴婢，多其牛羊，广其田宅，博其产业，富其积委，务此而亡已，以迫蹴民，民日削月朘，寖以大穷。富者奢侈羡溢，贫者穷急愁苦；穷急愁苦而上不救，则民不乐生；民不乐生，尚不避死，安能避罪！此刑罚之所以藩而奸邪不可胜者也。故受禄之家，食禄

22

而已，不与民争业，然后利可均布，而民可家足。此上天之理，而亦太古之道，天子之所宜法以为制，大夫之所当循以为行也。故公仪子相鲁，之其家见织帛，怒而出其妻，食于舍而茹葵，愠而拔其葵，曰："吾已食禄，又夺园夫红女利乎！"古之贤人君子在列位者皆如是，是故下高其行而从其教，民化其廉而不贪鄙。及至周室之衰，其卿大夫缓于谊而急于利，亡推让之风而有争田之讼。故诗人疾而刺之，曰："节彼南山，惟石岩岩，赫赫师尹，民具尔瞻。"尔好谊，则民乡仁而俗善；尔好利，则民好邪而俗败。由是观之，天子大夫者，下民之所视效，远方之所四面而内望也。近者视而效之，远者望而效之，岂可以居贤人之位而为庶人行哉！夫皇皇求财利常恐乏匮者，庶人之意也；皇皇求仁义常恐不能化民者，大夫之意也。《易》曰："负且乘，致寇至。"乘车者君子之位也，负担着小人之事也，此言居君子之位而为庶人之行者，其患祸必至也。若居君子之位，当君子之行，则舍公仪休之相鲁，亡可为者矣。

《春秋》大一统者，天地之常经，古今之通谊也。今师异道，人异论，百家殊方，指意不同，是以上亡以持一统；法制数变，下不知所守。臣愚以为诸不在六艺之科孔子之术者，皆绝其道，勿使并进。邪辟之说灭息，然后统纪可一而法度可明，民知所从矣。[1]

董仲舒认为，无论是学校养士还是国家选士，这两种具体措施必须统一在一种指导思想下，才能发挥为当时政治服务的作用。否则，百家殊方，法制数变，君主无所持，百姓无所从，仍然很难实现思想上的统一和政治上的稳定。因此，他建议道："《春秋》大一统者，天地之常经，古今之通谊也。今师异道，人异论，百家殊方，指意不同，是以上亡以持一统；法制数变，下不知所守。臣愚以为诸不在六艺之科孔子之术者，皆绝其道，勿使并进。邪辟之说灭息，然后统纪可一而法度可明，民知所从矣。"

---

[1]　[汉]班固.汉书·董仲舒传[M].北京:中华书局, 2007.567-570.

先秦时代，诸子百家，互相争鸣。秦统一中国以后，用法家思想统一天下，其他思想都受到排斥。秦亡以后，各家思想又活跃起来。汉初统治者实行黄老无为而治的政策，给百家复兴提供了良好条件。所以当时思想界出现了"师异道，人异论，百家殊方，指意不同"的相对自由的局面。这种局面使统治者不知应该坚持什么，政策缺乏连续性，平民百姓也不知道该听谁的，法制经常变化，百姓思想混乱。在这种情况下，董仲舒认为应该统一思想，提出以"六艺之科、孔子之术"来统一天下思想，把其他思想都加以禁止，"勿使并进"。这便是"独尊儒术，罢黜百家"的政策。这样一来，就会"邪辟之说灭息，然后统纪可一而法度可明，民知所从"。

董仲舒以儒家思想代替汉初的道家思想作为整个政治的指导思想，并且为汉代及其以后的历代封建王朝制定了"独尊儒术"的方针。"罢黜百家，独尊儒术"的文教政策，不仅使汉代学校养士和察举取士有了统一的标准，而且在思想上奠定了汉王朝巩固统一大业的理论基础，同时彻底结束了春秋战国以来百家争鸣的局面，又为隋唐以后科举考试以儒学为基本内容、主要标准埋下了伏笔。

四　《春秋繁露》简介

（一）《春秋繁露》之成书

西汉中期，战乱频仍的诸侯王国割据局面基本结束，生产得到恢复与发展，中央集权得到巩固与加强，出现了经济繁荣和政治大一统的局面。为适应统一的中央集权的需要，董仲舒的神学唯心哲学思想应运而生。

董仲舒的哲学思想主要反映在其所著的《春秋繁露》中。《春秋繁露》十七卷，董仲舒专治《春秋公羊传》，曾任博士、江都相和胶西王相，汉武帝举贤良文学之士，他对策建议："诸不在六艺之科孔子之术者，皆绝其道，勿使并进。"为武帝所采纳，开此后两干余年封建社会以儒学为正统的先声。此篇为作者阐释儒家经典《春秋》之书，书名为"繁露"，《四库全书总目》云：繁或作蕃，盖古字相通，其立名之义不可解。《中兴馆阁书目》谓"繁露"冕之所垂，有联贯之象；《春秋》比事属辞，立名或取诸此，亦以意为说也。

此书篇名与《汉书·艺文志》及《汉书·董仲舒传》的记载不尽相同；《汉书·艺文志》只言《公羊董仲舒治狱》十六篇；《汉书·董仲舒传》所载《玉杯》（第二）、《蕃露》、《清明》、《竹林》（第三），皆为所著书名，数十篇，十余万言；今存《玉杯》（第二）、《竹林》（第三）则为《春秋繁露》中之篇名，因此，后人疑其不尽出董仲舒一人之手，宋儒程大昌攻之尤力，但《四库全书总目》却认为，书虽未必全出董仲舒，但其中很多极理真言非后人所能依托。

董仲舒在书中极力推崇《公羊传》的见解，阐发"春秋大一统"之旨，把封建统一说成是天经地义而不可改变。他认为自然界的天就是超自然的有意志的人格神，并且建立起了一套神学目的论学说，把人世间的一切包括封建王权的统治都说成是上天有目的的安排，将天上神权与地上王权沟通起来，为"王权神授"制造了理论根据。同时，又以阴阳五行学说将自然界和社会人事神秘化、理论化，做出各种牵强比附，建立"天人感应"论的唯心主义形而上学的神学体系。如董仲舒创造的"人副天数"说，将人身的骨节、五脏、四肢等等，比附为一年的日数、月数，以至五行、四时之数，人身五脏与五行符、外有四肢与四时符，从而得出"为人者，天也"的理论，认为人类自身的一切都由天所给予。用天有阴阳来比附人性，谓"天两有阴阳之施，身亦两有贪仁之性"，意即天道兼备着阴阳两种作用，人身也兼备着贪仁两种本性等等。

概括而言，董仲舒的神学体系包括"三纲"、"五常"、"三统"、"三正"、"性三品"诸说。在《基义》篇里，谓君臣、父子、夫妇之义，皆取之阴阳之道。君为阳，臣为阴；父为阳，子为阴；夫为阳，妻为阴。是故仁义制度之数，尽取之天。王道之三纲，可求于天，综合前论，即是所谓的君为臣纲，父为子纲，夫为妻纲的"三纲"。并把"仁、义、礼、智、信"五种封建道德伦理规范，与金、木、水、火、土之五行相比附，则为"五常"。"三统"与"三正"实际上是董仲舒的历史观。秦汉以前古书记载有夏、商、周三代，董仲舒遂认为夏是黑统，商是白统，周是赤统，改朝换代只不过是"三统"的依次循环，只是"改正朔，易服色"，在历法和礼仪上做形式上的改换。夏以寅月为正月，商以丑月为正月，周以子月为正月，三代的正月在历法上规定不同，故被其称作"三正"，在董仲舒看来，一个新王朝出现，无非在历法上有所改变，衣服旗号有所变化，此即为"新王必改制"，表示一个新王朝重新享有天命。从"三统"、"三正"论中不难看出，董仲舒否认历史的发展，王朝的更迭只是形式上的改变，实质上却是绝对不变的。所谓的"性三品"，即是圣人生来性善，小人生来性恶，中人之性，则可善可恶，性善圣人则是天生的统治者,中人之性则可以教化,逐渐变善,至于小人则是"斗筲之性",只能接受圣人的统治。

总之,此书内容反映了作者的整个哲学思想体系,这种以儒家宗法思想为中心,杂以阴阳五行学说的思想体系,对中国封建社会的发展产生了巨大的作用与影响。

(二)《春秋繁露》之篇章结构

《春秋繁露》通行本有17卷,由82篇构成,其中有3篇(第39、40、54篇)原文已不存在;各篇的形式、内容以及写作时间都不相同。大多数是对《春秋》中的术语、事件和段落做出解释和说明,此外也说明其所含的道德和政治思想与认识到的宇宙观之间的关系。第1—6、23、25、28、30、46篇写的是董仲舒的答对,它们要么是有关其具体学说的解释,要么是对批评者的答复;第71篇是董仲舒对一名朝廷官员提出的有关郊事问题的问答记录;第32、38篇是董仲舒作为顾问对诸侯王咨询问题的作答记录,第32、38、71三篇无疑是董仲舒弟子所作,而非董仲舒本人所写。第73篇采用了颂的形式,因而与其他篇章极不相同。

具体篇名如下,卷一:《楚庄王》(第一)、《玉杯》(第二);卷二:《竹林》(第三);卷三:《玉英》(第四)、《精华》(第五);卷四:《王道》(第六);卷五:《灭国上》(第七)、《灭国下》(第八)、《随本消息》(第九)、《盟会要》(第十)、《正贯》(第十一)、《十指》(第十二)、《重政》(第十三);卷六:《服制象》(第十四)、《二端》(第十五)、《符瑞》第十六、《俞序》第十七、《离合根》(第十八)、《立元神》(第十九)、《保位权》(第二十);卷七:《考功名》(第二十一)、《通国身》(第二十二)、《三代改制质文》(第二十三)、《官制象天》(第二十四)、《尧舜不擅移汤武不专杀》(第二十五)、《服制》

（第二十六）；卷八：《度制》（第二十七）、《爵国》（第二十八）、《仁义法》（第二十九）、《必仁且智》（第三十）；卷九：《身之养重于义》（第三十一）、《对胶西王越大夫不得为仁》（第三十二）、《观德》（第三十三）、《奉本》（第三十四）；卷十：《深察名号》（第三十五）、《实性》（第三十六）、《诸侯》（第三十七）、《五行对》（第三十八）、（第三十九[阙]）、（第四十[阙]）；卷十一：《为人者天》（第四十一）、《五行之义》（第四十二）、《阳尊阴卑》（第四十三）、《王道通三》（第四十四）、《天容》（第四十五）、《天辨在人》（第四十六）、《阴阳位》（第四十七）；卷十二：《阴阳终始》（第四十八）、《阴阳义》（第四十九）、《阴阳出入上下》（第五十）、《天道无二》（第五十一）、《暖燠常多》（第五十二）、《基义》（第五十三）、（第五十四[阙]）；卷十三：《四时之副》（第五十五）、《人副天数》（第五十六）、《同类相动》（第五十七）、《五行相生》（第五十八）、《五行相胜》（第五十九）、《五行顺逆》（第六十）、《治水五行》（第六十一）；卷十四：《治乱五行》（第六十二）、《五行变救》（第六十三）、《五行五事》（第六十四）、《郊语》（第六十五）；卷十五：《郊义》（第六十六）、《郊祭》（第六十七）、《四祭》（第六十八）、《郊祀》（第六十九）、《顺命》（第七十）、《郊事对》（第七十一）；卷十六：《执贽》（第七十二）、《山川颂》（第七十三）、《求雨》（第七十四）、《止雨》第七十五、《祭义》（第七十六）、《循天之道》（第七十七）；卷十七：《天地之行》（第七十八）、《威德所生》（第七十九）、《如天之为》（第八十）、《天地阴阳》（第八十一）、《天道施》（第八十二）。

这部书可分为两个主要部分。第一部分包括第1—17篇。这些篇章对于从《春秋》中的事件中所衍生出的伦理和政治教训形成了一套相对说来简单明确的分析，而《春秋》中的言辞被孔子有意搞得晦涩难懂。孔子被认为是"素王"，他虽然没有政治权力，但却受命于天。在《春秋》里面隐含着对孔子智慧的记录,他已打算把它传下去,为将使天下有秩序的圣王的出现作准备。在这一部分中,《春秋繁露》不仅提到了《春秋》中所讲的事件,而且把这部著作作为整体加以提及,提到了它的写作目的及大意。

通过对经文措词的比较分析,《春秋》提到的特定事件被用来推导出道德及政治的模型与先例。在大多数情况下,董仲舒所想到的事件都见于对《公羊传》的描述,但有时所提及的事件今天只能在《左传》中找到。在这一部分提到的论题包括:正名、亡国的原因、灾异的含义、圣人的角色、仁义之别、国家的改制与不变之道的关系、重本轻末、动机重于结果,以及其他的一般性关怀,这些地方所表现出来的智慧被运用于决定人事和整饬国家上。

第二部分(第18—82篇)理论性更强。在提到第一部分所表达的理想时,它企图说明的是,孔子的伦理道德及政治上的观念与阴阳五行学说是如何相一致的。这一部分与第一部分侧重点的不同或导致一些人怀疑它的可靠性,或导致认为它们与前面17篇没有关系。然而在有些人看来(如戴维森),这两部分构成了一个连贯的整体。

一般而言,第二部分把前17篇所论述的人之间的小宇宙与天地、阴阳、五行、四时之间的大宇宙关系进行了直接对比。在这里,天被视为是利用事物来体现它的意志的,昭示给自然界的科(分类,范畴)代表了天道,而且万事万物的本质关系也体现了天的意志。在大多数情况下,天地、阴阳被用以作为等级制的及互补的关系和力量的模式;五行描述了专门化的职能;四时则设置了空间、时间和顺序上的格局,即随着太阳在天空中方位的变化,四时也依次更替。因而,阴阳、天地的关系揭示了君臣之间的恰当关系,五行则揭示了不同官员之间的关系,甚至表达了忠孝之道(第42篇)。人类的语言也是上天用以表达天意的一种方式。天意被释为仁、义、智、忠四德。另外,天道被描述为通过宇宙原则而起作用,例如,它包含了对立双方不可能同时出现,同类事物相互促进等原则。这些原则为世界赋予结构，以展现天意。对于这些原则的知识有助于人们建立行为准则。

　　总之，作者提出了对《春秋》的意图及其大义做的阐释，在此之上形成了自己的认识论基础。他解释说，《春秋》为政府建立了诸种规则和模式，其中包括禁止奢侈的法令、奖惩制度，以及规定的政事活动等等，以便与那种被昭示的天道一致。书中的这一部分进一步发展了这种思想，即人需要礼仪和祭祀，尤其是郊祀，它表达了上天至高无上的重要性。这是为了与天的意志、天道彻底的一致。国君的祭祀活动，就像所有其他活动一样，在历史上，都会在宇宙中产生或长期或短期的反响，成为有关世界进程复杂而永存的因果链条的一部分。关于祭祀的专论试图进一步减少对于法术奇迹的期待。它们只被从天志、天道方面加以理解。

　　此外，该书还有有关求雨和止雨的仪式的内容，这些仪式没有萨满巫术的内容，而几乎全依赖于对阴阳学说为基础的理解。结束部分涉及到人的作用，尤其是圣人的作用，他们作为宇宙活动的中枢，将天与宇宙万物相联系。可见书中的前后两部分内容相异，但仍是相互联系的。

（三）《春秋繁露》之版本流传

　　今本《春秋繁露》82篇，17卷。唐贾公彦解："繁多露润；仲舒为《春秋》作义，润益处多。"（《周礼疏》）《四库全书总目提要》则说："此书虽颇本《春秋》以立论，而无关经义者实多，为《尚书大传》、《诗外传》之类。向来列之经解中，非其实也。"清卢文弨始为校勘。

　　对于《春秋繁露》的早期记载存在着很大的差异。和《汉书》中各种条目一样，《论衡》中提到了董仲舒写有100余篇作品。在《隋书·经籍志》、《旧唐书·经籍志》、《新唐书·艺文志》中，都提到这部著作有17卷，著录于"春秋"类下。

欧阳修在写于1037年的一篇评论中说，当时的本子仅有40篇，然而他自己曾见过80余篇的抄本，不过这种本子有一些重复的文字，编排相当混乱。他又补充说，为满足对本书的普遍需求，约30篇的本子已被刊行，这30篇有些属于80篇之外。楼郁（1053年进士）在写于1047年的序中说，当时此书共存10卷；《南宋馆阁书目》（12世纪晚期）中提到该书有10卷37篇。《崇文总目》（可能成书于1041年）著录此书为17卷，作者还说这与隋唐史书中的著录一致。他又说，虽然82篇的内容不出于近世，但其间篇第次序已经舛乱。他怀疑此书有后人的篡改。

在写于1211年的跋中，胡榘（字仲方）说他得到了罗浚（卒于1228年之后）收藏的一个本子，并将该本以及一些注释一起刊印于他任职的萍乡。这种本子仅含37篇，分为10卷；随后他又从楼钥（1137—1213，又称攻媿先生，楼郁之孙）的一个校本，共有17卷82篇，其中有3篇已亡佚；这种本子由胡榘的弟弟首次作了刊印。从黄震那里我们知道岳珂（1183—1240）重印了该本，该本后来被视为权威性的版本。

在《四库全书聚珍》丛书的前言中（其日期或为1773年，或为1777年），编者说该书存在4种宋本。尽管楼钥的本子中已亡三篇，还有他们鉴定出的一批其他脱漏（见于第48、55、56和75篇），以及至少有一页的错序（见于第25篇中），但他们仍采用它作为底本；他们补充说，无法获得完整的本子的状况已持续3至4世纪之久，就版本而言，他们采用的是保存于《永乐大典》中的楼钥本，并注明他们已修复了1100处，删去了110处，校勘了1820字。《四部丛刊》影印了这种本子，并附上了楼钥的序。主要注本有凌曙作《春秋繁露注》、苏舆著《春秋繁露义证》等。

(四)《春秋繁露》之历史评价

《春秋繁露》宣扬"天人合一"、"天人感应"的神学目的论。认为天是有意志的,是宇宙万物的主宰,是至高无上的神。《春秋繁露》把自然现象和社会现象进行神秘化的比附,认为天按照自己的形体制造了人,人是天的副本,人类的一切都是天的复制品,这就是"天人合一"的思想。天通过阴阳、五行之气的变化而体现其意志,主宰社会与自然。草木随着季节变化而生长凋零,都是天的仁德、刑杀的表现;社会中的尊卑贵贱制度,都是天神"阳贵而阴贱"的意志的体现。君、父、夫为阳,臣、子、妇为阴,所以君臣、父子、夫妇的关系就是主从关系。"天子"是代替天在人间实行统治的,君主之权是天所授予的,并按天的意志来统治人民,这就是神化君权的"君权神授"思想。《春秋繁露》还用五行相生相胜的关系来附会社会人事,如将木生火、火生土、土生金、金生水、水生木比为父子;木居左、金居右、火居前、水居后、土居中央,比为父子之序,等等。这样就把古代朴素唯物主义的概念——阴阳和五行变成了体现天的意志和目的,神化封建制度的工具。

《春秋繁露》还大力宣扬"天人感应"说。认为"天"不但为人世安排了正常秩序,还密切注视人间的活动,监督正常秩序的实现。如果人间违背了封建道德即天的意志,君主有了过失而不省悟,天便会降下灾异警告,这就是所谓"谴告"说。反之,如果君主治理天下太平,天就会出现符瑞。可见,封建统治者与天是相通、相感应的。如果能按照天的意志行事,维持正常的统治秩序,就可长治久安。

根据"天人感应"的神学目的论,《春秋繁露》提出了先验主义的人性论、性三品说。董仲舒把人性分为三个品级:"圣人之性","中民之性","斗筲之性"。"圣人之性"为纯粹的仁和善, 圣人不用教化, 是可以教化万民的。斗筲之性是只有贪和恶的广大劳动人民, 这些人即使经过圣人的教化也不会成为性善者, 对他们只能加以严格防范。"中民之性"具有善的素质, 经过君主的教化便可以达到善。这三个品级的人性, 都是天所赋予的。这一套"性三品"的人性论, 是孔子"惟上智与下愚不移"人性论的发展。

《春秋繁露》全面论证了"天不变道亦不变"的形而上学思想。所谓"道", 是根据天意建立起来的统治制度和方法,《春秋繁露》用形而上学的观点加以分析判断, 认为这个道是永恒的、绝对的。它说:"凡物必有合。合必有上, 必有下; 必有左, 必有右; 必有前, 必有后; 必有表, 必有里; 有美必有恶; …… 此皆其合也。阴者阳之合, 妻者夫之合, 子者父之合, 臣者君之合。物莫无合, 而合各有阴阳。"[1]这里, 他承认对立面的普遍存在, 具有一些辩证法的因素。但他认为这些对立面之间的关系, 主要是协调服从的关系, 否定矛盾双方的斗争。虽然他承认矛盾的两个方面的性质、地位不同, 但阳和阴双方, 一主一从、一尊一卑的地位是永不可改变的, 更不能转化, 这是"天之常道"。然而, 历史的发展并非一成不变的, 王朝更替时有发生, 为了解释这一现象, 董仲舒提出了"三统"、"三正"的历史发展观。我国农历的十一月、十二月、正月可以作为正月(岁首), 每月初一日为朔日, 朔日有从平旦(天刚亮的时刻)、鸡鸣、夜半为开头的三种算法。每一个新王朝上台后, 都要改变前一个王朝的正、朔时间, 这叫改正朔。如果新王朝选择农历正月为岁首, 则尚黑色; 如选择十二月为岁首, 则尚白; 如选择十一月为岁首, 则尚赤色, 这就是所谓"正三统"。每个王朝都应按照自己的选择改换新的服色, 这叫"易服色"。不管如何循环变化, 维护封建统治的道和天一样, 是永远不变的。"王者有改制之名, 无改道之实"[2]。所以, "三统"、"三正"也是董仲舒借天意之名宣扬"天不变道亦不变"的理论

[1] 苏舆.春秋繁露义证·基义[M].北京: 中华书局, 1992.350.
[2] 苏舆.春秋繁露义证·楚庄王[M].北京: 中华书局, 1992.19.

武器,目的是长期维护封建统治。

《春秋繁露》所反映的董仲舒的认识论,是建立在神学唯心主义哲学体系上的,是为天人感应的神学目的论服务的。人类、宇宙万物及其变化都是天意的安排,所以,人的认识也就是对天意的认识,只要认真考察自然现象,或通过内心自省,就不难体会到天意。董仲舒认为"名"反映的不是事物,而是天意,它是由圣人发现的,并赋予事物以名,"事各顺于名,名各顺于天"[1],即天的意志决定人的认识,人的认识决定万事万物,完全颠倒了名与实、主观与客观的关系,是一条唯心主义的认识路线。

《春秋繁露》大力宣扬"三纲"、"五常"的封建道德观,为封建等级制度和伦常关系的合法性制造舆论。早在春秋时期,孔子便提出了"君君、臣臣、父父、子子"[2]的思想,后来韩非发展了这一思想,并为"三纲"画出了一个明晰的轮廓:"臣事君,子事父,妻事夫,三者顺则天下治,三者逆则天下乱,此天下之常道也。"[3]董仲舒对此加以继承和神化,第一次提出:"王道之三纲,可求于天。"[4]他说:"天为君而覆露之,地为臣而持载之,阳为夫而生之,阴为妇而助之,春为父而生之,夏为子而养之。"[5]虽然尚未提出"君为臣纲,父为子纲,夫为妻纲"的正式条文,但其意思已很明确了,待西汉末成书的《礼纬》就把"三纲"的条文具体化了。"三纲"以"君为臣纲"为主,"父为子纲"、"夫为妻纲"是从属于"君为臣纲"的,最根本的是要维护君权的统治。

董仲舒在答汉武帝的策问时曾提出"仁义礼智信"五常之道,在《春秋繁露》中又加以详尽论证。"仁者,爱人之名也。"[6]"立义以明尊卑之

[1] 苏舆.春秋繁露义证·深察名号[M].北京:中华书局,1992.288.
[2] 陈晓芬,徐儒宗译注.论语·大学·中庸[M].北京:中华书局,2011.143.
[3] 高华平,王齐洲,张三夕译注.韩非子·忠孝[M].北京:中华书局,2010.741.
[4] 苏舆.春秋繁露义证·基义[M].北京:中华书局,1992.351.
[5] 苏舆.春秋繁露义证·基义[M].北京:中华书局,1992.351.
[6] 苏舆.春秋繁露义证·仁义法[M].北京:中华书局,1992.251.

分。"[1] "礼者，……序尊卑贵贱大小之位，而差内外、远近、新旧之级者也。"[2] "不智而辨慧狷给，则迷而乘良马也。"[3] "竭愚写情，不饰其过，所以为信也。"[4]

三纲五常的伦理观是汉王朝封建大一统政治的需要，也是中央专制集权制的反映，它在当时维护国家统一和封建制度方面，起过积极的作用。但随着整个地主阶级的历史地位日益向保守、反动转化，它便成了反对革命、麻痹和奴役劳动人民的精神枷锁。由于它高度集中地反映了整个地主阶级的根本利益，所以成了沿续几千年的封建社会的道德伦理规范，在我国影响深远，危害极大。

《春秋繁露》以哲学上的神学蒙昧主义，政治上的封建专制主义为基础，提出了一套较为完备的思想体系，尽管以后各个王朝的哲学形态有所改变，但这一思想一直在我国封建社会中占统治地位。书中将自然现象与社会问题进行比较分析，得出自己需要的结论，具有很大的欺骗性，影响恶劣。

当然，学术界也有不同观点，这一观点认为，正是董仲舒的"神学蒙昧主义"在制约着皇权，在皇权具有绝对权威、社会又还没有出现可以与皇权抗衡的时代，恰恰是董仲舒的系统的"天人感应"论在制约着皇权，使皇上不敢为所欲为，正是这一思想文化的因素在维系和制衡着社会力量，这对家天下时代有效防止天子滥用权力起到了巨大的作用。董仲舒说，"屈民而申君，屈君而申天"[5]。所以，不能用现在的眼光来笑话古人的愚昧，其实在那个时代，他们看得比我们要深刻和长远得多。

[1]　苏舆.春秋繁露义证·盟会要[M].北京:中华书局,1992.141.
[2]　苏舆.春秋繁露义证·奉本[M].北京:中华书局,1992.275—276.
[3]　苏舆.春秋繁露义证·必仁且智[M].北京:中华书局,1992.257.
[4]　苏舆.春秋繁露义证·天地之行[M].北京:中华书局,1992.459.
[5]　苏舆.春秋繁露义证·玉杯[M].北京:中华书局,1992.32.

五　《春秋繁露》教育章句导读

董仲舒在《春秋繁露》中的行文中分别阐释了其德育思想的内容、原则及方法，董仲舒的道德教育源于其神学化的儒学，他非常重视道德教化的功能，并逐步确立了以"三纲五常"为基本内容的道德教育。董仲舒论证了其"性三品"的人性论观点，同时也阐释了人性与教育在人发展中的作用，以"性三品"学说为基础，提出了教育与教化的作用。董仲舒也提出了相应的教学思想。比如教学内容的规定和教学方法的提出，为我们提供了一些有价值的教学论观点。值得注意的是，董仲舒在中国教育史上首次将"考"、"试"并用，第一次提出"考试"的概念，并规定相应的"考试之法"。

（一）论人性和教育在人发展的作用

1. 洞察名"性"

今世暗于性，言之者不同，胡不试反性之名？性之名，非生与？如其生之自然之资谓之性。性者质也，诘性之质于善之名，能中之与？既不能中矣，而尚谓之质善，何哉？性之名不得离质。离质如毛，则非性已，不可不察也。

春秋辨物之理，以正其名。名物如其真，不失秋毫之末。故名陨石，则后其五，言退鹢，则先其六。圣人之谨于正名如此。君子于其言，无所苟而已，五石、六鹢之辞是也。

桎众恶于内，弗使得发于外者，心也。故心之为名桎也。人之受气苟无恶者，心何桎哉？吾以心之名，得人之诚。人之诚，有贪有仁。仁贪之气，两在于身。身之名，取诸天。天两有阴阳之施，身亦两有贪仁之性。天有阴阳禁，身有情欲桎，与天道一也。是以阴之行不得干春夏，而月之魄常厌于日光。乍全乍伤，天之禁阴如此，安得不损其欲而辍其情以应天。天所禁而身禁之，故曰身犹天也。禁天所禁，非禁天也。必知天性不乘于教，终不能桎。察实以为名，无教之时，性何遽若是？

……

或曰："性有善端，心有善质，尚安非善？"应之曰："非也。茧有丝而茧非丝也，卵有雏而卵非雏也。比类率然，有何疑焉。"天生民有六经，言性者不当异。然其或曰性也善，或曰性未善，则所谓善者，各异意也。性有善端，动之爱父母，善于禽兽，则谓之善。此孟子之善。循三纲五纪，通八端之理，忠信而博爱，敦厚而好礼，乃可谓善，此圣人之善也。是故孔子曰："善人吾不得而见之，得见有常者斯可矣。"由是观之，圣人之所谓善，未易当也，非善于禽兽则谓之善也。使动其端善于禽兽则可谓之善，善奚为弗见也？夫善于禽兽之未得为善也，犹知于草木而不得名知。万民之性善于禽兽而不得名善，知之名乃取之圣。圣人之所命，天下以为正。正朝夕者视北辰，正嫌疑者视圣人。圣人以为无王之世，不教之民，莫能当善。善之难当如此，而谓万民之性皆能当之，过矣。质于禽兽之性，则万民之性善矣；质于人道之善，则民性弗及也。万民之性善于禽兽者许之，圣人之所谓善者弗许。吾质之命性者异孟子。孟子下质于禽兽之所为，故曰性已善；吾上质于圣人之所为，故谓性未善。善过性，圣人过善。春秋大元，故谨于正名。名非所始，如之何谓未善已善也。[1]

此篇出自《深察名号》，主要阐释了董仲舒"深察名号"的治国思想。"深察名号"作为董仲舒重要的治国思想，它既继承了三代的礼治传统和百家的名实

[1] 苏舆.春秋繁露义证·深察名号[M].北京:中华书局,1992.291—305.

理论，又超越了诸子名号治国论。董仲舒用"深察名号"的名义来论"性"。在这里，董仲舒有三层含义，第一，给"性"下了定义，性是人生来的自然本质，简单说，性即本质；第二，从"善"的名找不到性的本质，故而说"性善"是毫无理由的；第三，"性"不能离开本质丝毫，否则就不是"性"了。董仲舒引天道为人道，或者说，将人道上升为天道，实行"天人合一"。

董仲舒在他的思想体系中提出了神学化的人性论。他认为人受命于天，人性是从天得来的，他的人性论的政治目的是企图把封建阶级和等级制度看作都是出于天意或天道的，从受之天命的人性中，便决定了谁该做统治者，谁该做被统治者；谁应该高一等，谁应该低一等；谁应该受教育，谁不应该受教育。他认为这种天命、人性决定的封建秩序是不能改变的。

阴阳之气，在上天，亦在人。在人者为好恶喜怒，在天者为暖清寒暑。出入上下、左右、前后，平行而不止，未尝有所稽留滞郁也。其在人者，亦宜行而无留，若四时之条条然也。夫喜怒哀乐之止动也，此天之所为人性命者。临其时而欲发其应，亦天应也，与暖清寒暑之至其时而欲发无异。若留德而待春夏，留刑而待秋冬也，此有顺四时之名，实逆于天地之经。在人者亦天也，奈何其久留天气，使之郁滞，不得以其正周行也。是故天行谷朽寅，而秋生麦，告除秽而继乏也。所以成功继乏以赡人也。

天之生有大经也，而所周行者，又有害功也，除而杀殛者，行急皆不待时也，天之志也，而圣人承之以治。是故春修仁而求善，秋修义而求恶，冬修刑而致清，夏修德而致宽。此所以顺天地，体阴阳。然而方求善之时，见恶而不释；方求恶之时，见善亦立行；方致清之时，见大善亦立举之；方致宽之时，见大恶亦立去之。以效天地之方生之时有杀也，方杀之时有生也。是故志意随天地，缓急仿阴阳。然而人事之宜行者，无所郁滞，且恕于人，顺于天，天人之道兼举，此谓执其中。天非以春生人，以秋杀人也。当生者日生，当死者日死，非杀物之义待四时也。而人之所治也, 安取久留当行之理, 而必待四时也。此之谓壅, 非其中也。人有喜怒哀乐, 犹天之有春夏秋冬也。喜怒哀乐之至其时而欲发也, 若春夏秋冬之至其时而欲出也, 皆天气之然也。其宜直行而无郁滞, 一也。天终岁乃一遍此四者, 而人主终日不知过此四之数, 其理故不可以相待。且天之欲利人, 非直其欲利谷也。除秽不待时, 况秽人乎! [1]

《春秋繁露·如天之为》篇进一步指出董仲舒的人性观。董仲舒的人性论观点非常丰富, 他从阴阳学说出发, 联系天命、天道, 指出, "夫喜怒哀乐之止动也, 此天之所为人性命者。"他接着指出, "人有喜怒哀乐, 犹天之有春夏秋冬也。喜怒哀乐之至其时而欲发也, 若春夏秋冬之至其时而欲出也, 皆天气之然也。"他认为人的"喜怒哀乐"都是人的"天然之气"。董仲舒从气学角度论述天有暖清寒暑, 人有好恶喜怒, 表现形式不同, 但性质一样。天有春夏秋冬, 所以统治者在春季应修治仁爱, 在夏季应修治道义, 在冬季应修治刑法。

2. "性待教而为善"

故性比于禾, 善比于米。米出禾中, 而禾未可全为米也。善出性中, 而性未可全为善也。善与米, 人之所继天而成于外, 非在天所为之内也。天之所为, 有所至而止。止之内谓之天性, 止之外谓之人事。事在性外, 而性不得不成德。民之号, 取之瞑也。使性而已善, 则何故以瞑为号? 以陷者言, 弗扶将, 则颠陷猖狂, 安能善? 性有似目, 目卧幽而瞑, 待觉而后见。当其未觉, 可谓有见质, 而不可谓见。今万民之性, 有其质而未能觉, 譬如瞑者待觉, 教之然后善。当其未觉, 可谓有善质, 而不可谓善, 与目之瞑而觉, 一概之比也。静心徐察之, 其言可见矣。性而瞑之未觉; 天所为也。效天所为, 为之起号, 故谓之民。民之为言, 固犹瞑也, 随其名号以入其理, 则得之矣。

---

[1]　苏舆.春秋繁露义证·如天之为[M].北京: 中华书局, 1992.463-465.

是正名号者于天地，天地之所生，谓之性情。性情相与为一瞑。情亦性也。谓性已善，奈其情何？故圣人莫谓性善，累其名也。身之有性情也，若天之有阴阳也。言人之质而无其情，犹言天之阳而无其阴也。穷论者，无时受也。[1]

名性不以上，不以下，以其中名之。性如茧如卵。卵待覆而成雏，茧待缲而为丝，性待教而为善。此之谓真天。天生民性有善质，而未能善，于是为之立王以善之，此天意也。民受未能善之性于天，而退受成性之教于王，王承天意，以成民之性为任者也。今案其真质，而谓民性已善者，是失天意而去王任也。万民之性苟已善，则王者受命尚何任也？其设名不正，故弃重任而违大命，非法言也。《春秋》之辞，内事之待外者，从外言之。今万民之性，待外教然后能善，善当与教，不当与性。与性，则多累而不精，自成功而无贤圣，此世长者之所误出也，非《春秋》为辞之术也。不法之言、无验之说，君子之所外，何以为哉？

董仲舒把"中民之性"，即把地主阶级的人性当作一般的人性，他所说的性就是指"中民之性"而言的。他认为性只是质才，它的本身还不能说就是善，必须"待教而为善"。这就是说性只具有教育的可能性，受了教育之后，这种善的可能性才能变为现实性。他说："性比于禾，善比于米，米出禾中，而禾未可全为米也；善出性中，而性未可全为善也。……天生民性，有善质而未能善，于是为之立王以善之，此天意也。民受未能善之性于天，而退受成性之教于王，王承天意，以成民之性为任者也。……今万民之性待外教然后能善，善当与教，不当与性。"

这就从地主阶级的先天禀赋肯定了地主阶级受教育的可能性，又从地主阶级的政治要求肯定了地主阶级受教育的必要性。他批评孟轲的性善说，认为孟轲既然说人性已善，那就没有教育的必要了。这一点，他比孟轲强。但是董仲舒又认为人同时具有"贪"和"仁"两种性，这又陷入了善恶二元论，这是他企

---

[1][2] 苏奥.春秋繁露义证·深察名号[M].北京：中华书局，1992.297—300.

图把孟轲的性善说和荀况的性恶论结合起来的结果。他认为天有阴阳，所以禀之于天的人性也就是有善有恶。他又认为性属阳，是善的；情属阴，是恶的。人生来就具有性和情两个方面，也就是具有善和恶两种性。他虽然说"情亦性也"，但又说"身之有性情也，若天之有阴阳也"。这又似乎陷入了性情二元论。这样他把性当作是善的，实质上维持了所谓"正宗"儒学即孟轲的性善学说。他把情从性划出来以后，便进一步主张扬性抑情了。他以为天道是禁止阴的，所以人也应该"损其欲而辍其情"，这就是说要发展善性而抑止恶情，这种思想为后来宋明理学家所发展而提出了"存天理，灭人欲"的主张。

3. 性三品

孔子曰："名不正则言不顺。"今谓性已善，不几于无教而如其自然！又不顺于为政之道矣。且名者性之实，实者性之质。质无教之时，何遽能善？善如米，性如禾。禾虽出米，而禾未可谓米也。性虽出善，而性未可谓善也。米与善，人之继天而成于外也，非在天所为之内也。天所为，有所至而止。止之内谓之天，止之外谓之王教。王教在性外，而性不得不遂。故曰性有善质，而未能为善也。岂敢美辞，其实然也。天之所为，止于茧麻与禾。以麻为布，以茧为丝，以米为饭，以性为善，此皆圣人所继天而进也，非情性质朴之能至也，故不可谓性。

正朝夕者视北辰，正嫌疑者视圣人。圣人之所名，天下以为正。今按圣人言中，本无性善名，而有善人吾不得见之矣，使万民之性皆已能善，善人者何为不见也？观孔子言此之意，以为善甚难当。而孟子以为万民性皆能当之，过矣。圣人之性不可以名性，斗筲之性又不可以名性，名性者，中民之性。中民之性如茧如卵。卵待覆二十日而后能为雏，茧待缲以涫汤而后能为丝，性待渐于教训而后能为善。善，教训之所然也，非质朴之所能至也，故不谓性。

性者宜知名矣，无所待而起，生而所自有也。善所自有，则教训已非性也。是以米出于粟，而粟不可谓米；玉出于璞，而璞不可谓玉；善出于性，而性不可谓善。其比多在物者为然，在性者以为不然，何不通于类也？卵之性未能作雏也，茧之性未能作丝也，麻之性未能为缕也，粟之性未能为米也。《春秋》别物之理以正其名，名物必各因其真。真其义也，真其情也，乃以为名。名陨石则后其五，退飞则先其六，此皆其真也。圣人于言无所苟而已矣。性者，天质之朴也；善者，王教之化也。无其质，则王教不能化；无其王教，则质朴不能善。质而不以善性，其名不正，故不受也。[1]

《春秋繁露·实性》篇主要阐述了董仲舒的人性论。董仲舒说："性者，天质之朴也。"性是人天生朴实的资质，也就是人的"自然之资"。接着，董仲舒提出了"性三品"的思想，把人性分为上、中、下三等，即"圣人之性"、"中民之性"和"斗筲之性"。认为圣人之性"过善"，斗筲之性为恶，故"圣人之性不可以名性，斗筲之性又不可以名性，名性者，中民之性"。教育对天生"过善"之性的圣人，是没有必要不需要的；对天生恶性的斗筲之人，教育不起作用；唯有中民之性的人群，才可以"待教而为善"。简言之，就是圣人生来就具有"过善"的品质，是天生的教育者，而他本身不必接受教育；一般人生来有善质，但需要接受教育才能形成完善的品质；极少数人生来只有恶质，教育对他们不起作用。[2]他认为上下两种人的性都不能叫作性，只有中等人的性才可以叫作性。这种性三品说的实质是把人区分为三等，是一种由神意决定的阶级论。上等人就是圣人，他们的性不仅生来就是善的，并且是超过"善"的，人类社会"善"的标准和具体内容就是由他们制定出来的。上等人是不多的，只包括统治阶级的最高阶层，包括帝王和那些制礼乐、定法度的当权人物。"性者，天质之朴也；善者，王教之化也。无其质，则王教不能化；无其王教，则质朴不能善。质而不以善性，其名不正，故不受也。"下等的"斗筲之人"是指封建社会中最贫苦最"低

[1] 苏舆.春秋繁露义证·实性[M].北京:中华书局,1992.310-313.
[2] 杨冰.回眸与超越——先秦时期原创性教育思想研究[D].东北师范大学博士毕业论文,2010.

42

贱"的劳动人民,他们的性生来就是恶的,根本上不算是人性,简直把他们排挤在人性之外了。圣人生而知之,不必受教育;斗筲之人则是愚昧的,不能受教育的。除了上下两种人以外,其余的都是中民,这指的是地主阶级。中民具有善质,但必须受了教育之后才能成为善性。所以董仲舒的教育对象就是这个中民等级的人,贫苦的劳动人民是排除在教育之外的。

孔子曾说过"惟上智与下愚不移"[1]。"生而知之者,上也;学而知之者,次也;困而学之,又其次也;困而不学,民斯为下矣"[2]。董仲舒把孔子的"上智与下愚"之分发展为适应封建等级性的人性观。将人性分为上、中、下三等,即"圣人之性"、"中民之性"、"斗筲之性"。认为圣人之性"过善",斗筲之性为恶,故"圣人之性不可以名性,斗筲之性又不可以名性。名性者,中民之性"。教育对天生"过善"之性的圣人,是没有必要,对天生恶性的斗筲之人,教育不起作用;唯有"中民之性"的人群,才可以"待教而为善"。简言之,就是圣人生来就具有"过善"的品质,是天生的教育者,而他本身不必接受教育;一般人生来有善质,但需要接受教育才能形成完善的品质;极少数人生来只有恶质,教育对他们不起作用。

(二)论道德教育

1. 道德教育是立政之本

君人者,国之元,发言动作,万物之枢机。枢机之发,荣辱之端也。失之豪厘,驷不及追。故为人君者,谨本详始,敬小慎微,志如死灰,形如委衣,安精养神,寂寞无为。休形无见影,掩声无出响,虚心下士,观来察往。谋于众贤,考求众人,得其心遍见其情,察其好恶,以参忠佞,考其往行,验之于今,计其蓄积,受于

[1] 陈晓芬,徐儒宗译注.论语·大学·中庸[M].北京:中华书局,2011.208.
[2] 陈晓芬,徐儒宗译注.论语·大学·中庸[M].北京:中华书局,2011.203.

先贤。释其优怨，视其所争，差其党族，所依为臬，据位治人，用何为名，累日积久，何功不成。可以内参外，可以小占大，必知其实，是谓开阖。君人者，国之本也。夫为国，其化莫大于崇本，崇本则君化若神，不崇本则君无以兼人。无以兼人，虽峻刑重诛，而民不从，是所谓驱国而弃之者也，患孰甚焉？

何谓本？曰：天地人，万物之本也。天生之，地养之，人成之。天生之以孝悌，地养之以衣食，人成之以礼乐，三者相为手足，合以成体，不可一无也。无孝悌则亡其所以生，无衣食则亡其所以养，无礼乐，则亡其所以成也。三者皆亡，则民如麋鹿，各从其欲，家自为俗。父不能使子，君不能使臣，虽有城郭，名曰虚邑。如此，其君枕块而僵，莫之危而自危，莫之丧而自亡，是谓自然之罚。自然之罚至，裹袭石室，分障险阻，犹不能逃之也。明主贤君必于其信，是故肃慎三本。郊祀致敬，共事祖祢，举显孝悌，表异孝行，所以奉天本也。秉耒躬耕，采桑亲蚕，垦草殖谷，开辟以足衣食，所以奉地本也。立辟雍庠序，修孝悌敬让，明以教化，感以礼乐，所以奉人本也。三者皆奉，则民如子弟，不敢自专，邦如父母，不待恩而爱，不须严而使，虽野居露宿，厚于宫室。如是者，其君安枕而卧，莫之助而自强，莫之绥而自安，是谓自然之赏。自然之赏至，虽退让委国而去，百姓襁负其子随而君之，君亦不得离也。故以德为国者，甘于饴蜜，固于胶漆，是以圣贤勉而崇本而不敢失也。

君人者，国之证也，不可先倡，感而后应。故居倡之位而不行倡之势，不居和之职而以和为德，常尽其下，故能为之上也。体国之道，在于尊神。尊者所以奉其政也，神者所以就其化也，故不尊不畏，不神不化。夫欲为尊者在于任贤，欲为神者在于同心。贤者备股肱则君尊严而国安，同心相承则变化若神，莫见其所为而功德成，是谓尊神也。[1]

在董仲舒的社会政治思想中，"君人"是国家的"元"和"本"，说话和做事

————————

[1] 苏舆.春秋繁露义证·立元神[M].北京：中华书局，1992.166—172.

是万物的关键。所以做君主的，应该谨慎的对待根本性的东西。"崇本则君化若神，不崇本则君无以兼人。"崇尚根本就会使君王的教化像神明一样，不崇尚根本就会使君王无法胜过别人。那么何为"本"呢？"天地人，万物之本也。""天用孝悌生育万物，地用衣食养育万物，人用礼乐成就万物。天地人合起来成为一个有机整体，三者不可或缺。"三本皆奉，才能使国家稳定、和顺。其中"奉天本"即"郊祀致敬，共事祖祢，举显孝悌，表异孝行"；"奉地本"即"秉耒躬耕，采桑亲蚕，垦草殖谷，开辟以足衣食"；"奉人本"即"立辟雍庠序，修孝悌敬让，明以教化，感以礼乐"。在此，董仲舒指出了实行教化的重要性，并且强调道德教化是立政之本。"故以德为国者，甘于饴蜜，固于胶漆，是以圣贤勉而崇本而不敢失也。"以此指道德教化是圣贤们劝勉自己崇尚的根本，即道德教化是立政之本。

民无所好，君无以权也。民无所恶，君无以畏也。无以权，无以畏，则君无以禁制也。无以禁制，则比肩齐势而无以为贵矣。故圣人之治国也，因天地之性情，孔窍之所利，以立尊卑之制，以等贵贱之差。设官府爵禄，利五味，盛五色，调五声，以诱其耳目，自令清浊昭然殊体，荣辱踔然相驳，以感动其心，务致民令有所好。有所好然后可得而劝也，故设赏以劝之。有所好必有所恶，有所恶然后可得而畏也，故设罚以畏之。既有所劝，又有所畏，然后可得而制。制之者，制其所好，是以劝赏而不得多也。制其所恶，是以畏罚而不可过也。所好多则作福，所恶多则作威。作威则君亡权，天下相怨；作福则君亡德，天下相贼。故圣人之制民，使之有欲，不得过节；使之敦朴，不得无欲。无欲有欲，各得以足，而君道得矣。

国之所以为国者德也，君之所以为君者威也，故德不可共，威不可分。德共则失恩，威分则失权。失权则君贱，失恩则民散。民散则国乱，君贱则臣叛。是故为人君者，固守其德，以附其民；固执其权，以正其臣。声有顺逆，必有清浊，形有善恶,必有曲直。故圣人闻其声则别其清浊,见其形则异其曲直。于浊之中,必知其清;于清之中,必知其浊;于曲之中,必见其直;于直之中,必见其曲。于声无小而不取,于形无小而不举。不以著蔽微,不以众揜寡,各应其事以致其报。黑白分明,然后民知所去就,民知所去就,然后可以致治,是为象则。

为人君者居无为之位,行不言之教,寂而无声,静而无形,执一无端,为国源泉。因国以为身,因臣以为心。以臣言为声,以臣事为形。有声必有响,有形必有影。声出于内,响报于外;形立于上,影应于下。响有清浊,影有曲直,响所报非一声也,影所应非一形也。故为君虚心静处,聪听其响,明视其影,以行赏罚之象。其行赏罚也,响清则生清者荣,响浊则生浊者辱,影正则生正者进,影枉则生枉者绌。揽名考质,以参其实。赏不空施,罚不虚出。是以群臣分职而治,各敬而事,争进其功,显广其名,而人君得载其中,此自然致力之术也。圣人由之,故功出于臣,名归于君也。[1]

《保位权》篇论述了国君巩固自己地位和权利的方法。君主治理国家,要顺应天地的性情,人们的喜好,以确立尊卑的制度,区分贵贱的差别。一定要使百姓有所喜好,这样才能对他们进行劝勉和教化;百姓有所喜好必有所厌恶,于是设立刑罚使之敬畏;教化与刑罚并重才能管理好国家。在董仲舒的社会政治思想中,"国之所以为国者德也,君之所以为君者威也,故德不可共,威不可分。"即一个国家之所以成为一个国家,最重要的原因是德政,国君何为君者,则是其权威所致,道德不可以共同持有,而权威不可以分享。君主只要掌握威德二柄,那么地位和权力就会十分牢固了。所以这里董仲舒指出在国家管理中主张教化与刑罚并重,但强调以道德教化为本为主,刑罚为末为辅。

尧、舜何缘而得擅移天下哉?《孝经》之语曰:"事父孝,故事天明。"事天与

[1] 苏舆.春秋繁露义证·保位权[M].北京:中华书局,1992.172-176.

父,同礼也。今父有以重予子,子不敢擅予他人,人心皆然。则王者亦天之子也,天以天下予尧、舜,尧、舜受命于天而王天下,犹子安敢擅以所重受于天者予他人也。天有不以予尧、舜渐夺之,故明为子道,则尧、舜之不私传天下而擅移位也,无所疑也。儒者以汤、武为至圣大贤也,以为全道究义尽美者,故列之尧、舜,谓之圣王,如法则之。今足下以汤、武为不义,然则足下之所谓义者,何世之王也?曰:弗知。弗知者,以天下王为无义者耶?其有义者而足下不知耶?则答之以神农。应之曰:神农之为天子,与天地俱起乎?将有所伐乎?神农氏有所伐可,汤、武有所伐独不可,何也?且天之生民,非为王也,而天立王以为民也。故其德足以安乐民者,天予之;其恶足以贼害民者,天夺之。《诗》云:"殷士肤敏,裸将于京,侯服于周,天命靡常。"言天之无常予,无常夺也。故封泰山之上,禅梁父之下,易姓而王,德如尧、舜者七十二人。王者,天之所予也,其所伐皆天之所夺也。今唯以汤、武之伐桀、纣为不义,则七十二王亦有伐也。推足下之说,将以七十二王为皆不义也!故夏无道而殷伐之,殷无道而周伐之,周无道而秦伐之,秦无道而汉伐之。有道伐无道,此天理也,所从来久矣,宁能至汤、武而然耶?

夫非汤、武之伐桀、纣者,亦将非秦之伐周,汉之伐秦,非徒不知天理,又不明人礼。礼,子为父隐恶。今使伐人者而信不义,当为国讳之,岂宜如诽谤者,此所谓一言而再过者也。君也者,掌令者也,令行而禁止也。今桀、纣令天下而不行,禁天下而不止,安在其能臣天下也?果不能臣天下,何谓汤、武弑?[1]

上文出自《春秋繁露·尧舜不擅移汤武不专杀》(第二十五),这里阐释了董仲舒的政治观点,论述了君主与天命之间的关系。天子受命于天,天子的权位才获得了合法性。上天选择天子的依据是"天立王以为民也"。上天是为天下民众的利益而立天子,而非为天子个人利益而立。上天选择天子有其独特的标准:"其德足以安乐民者,天予之;其恶足以贼害民者,天夺之。"君主德行能

---

[1] 苏舆.春秋繁露义证·尧舜不擅移汤武不专杀[M].北京:中华书局,1992.219-221.

使人民生活安康的，上天就把天下交给他；君主恶行足以使人民大众受到伤害的，上天就剥夺他的君位。董仲舒以古代先王尧舜汤等施行政策为例，通过历史现实的解读，借以揭示先王何以王天下、臣天下的施政要点，反映道德修养是立政之本。"儒者以汤、武为至圣大贤也，以为全道究义尽美者，故列之尧、舜，谓之圣王，如法则之。"究其原因，其道德修养决定其施政要领，同时也体现了君王的道德修养是关乎其历史评价，也是关乎其政权稳定与否、是否得民心的关键。只是真正贤德的君主才能真正"掌令"天下、进而王天下，臣天下。基于此，道德修养是立政之本。

董仲舒同时认识到刑罚表现为剥削压迫人民的残酷一面，这是"天意"所不允许的。他说："故其德足以安乐民者，天予之；其恶足以贼害民者，天夺之。"这和先秦乃至汉初贾谊等的民本思想是一致的。但是董仲舒的教化思想旨在驾驭人民的阶级本质表现得更为明显。

命令相曰："大夫蠡、大夫种、大夫庸、大夫睪、大夫车成，越王与此五大夫谋伐吴，遂灭之，雪会稽之耻，卒为霸主。范蠡去之，种死之。寡人以此二大夫者为皆贤。孔子曰：'殷有三仁。'今以越王之贤，与蠡、种之能，此三人者，寡人亦以为越有三仁，其于君何如？桓公决疑于管仲，寡人决疑于君。"

仲舒伏地再拜，对曰："仲舒智褊而学浅，不足以决之。虽然，王有问于臣，臣不敢不悉以对，礼也。臣仲舒闻，昔者鲁君问于柳下惠曰：'我欲攻齐，何如？'柳下惠对曰：'不可。'退而有忧色。曰：'吾闻之也，谋伐国者，不问于仁人也。此何为至于我？'但见问而尚羞之，而况乃与为诈以伐吴乎！其不宜明矣。以此观之，越本无一仁，而安得三仁？

"仁人者，正其道不谋其利，修其理不急其功，致无为而习俗大化，可谓仁圣矣。三王是也。《春秋》之义，贵信而贱诈。诈人而胜之，虽有功，君子弗为也。是以仲尼之门，五尺童子，言羞称五伯。为其诈以成功，苟为而已也，故不足称于大君子之门。五伯者，比于他诸侯为贤者，比于仁贤，何贤之有？譬犹珷玞比于美玉也。臣仲舒伏地再拜以闻。"[1]

胶西王推崇春秋越王、范蠡和文种为"三仁"。董仲舒不赞同这种观点，因为董仲舒认为春秋之义，贵信而贱诈，而越王勾践是靠欺诈而称霸的。进而董仲舒提出了一个很重要的思想命题："仁人者，正其道不谋其利，修其理不急其功。"这句话的内涵在于强调人的内在动机和思想品德的纯洁端正，而不是像有些人所误解的绝对不讲功利，弃绝功利。这是需要注意的。班固后来又将这段话提炼为："正其谊不谋其利，明其道不计其功。"而真正的仁者，就是"正其道不谋其利；修其理，不急其功；致无为，而习俗大化"。董仲舒为我们指明的仁圣的典范，就是三王，只有这样贤德、道德高尚的圣王贤者才可以真正称王天下。可见，"仁"亦是其道德思想的核心。

为生不能为人，为人者天也。人之人本于天，天亦人之曾祖父也。此人之所以乃上类天也。人之形体，化天数而成；人之血气，化天志而仁；人之德行，化天理而义。人之好恶，化天之暖清；人之喜怒，化天之寒暑；人之受命，化天之四时。人生有喜怒哀乐之答，春秋冬夏之类也。喜，春之答也；怒，秋之答也；乐，夏之答也；哀，冬之答也。天之副在乎人。人之情性有由天者矣。故曰受，由天之号也。为人主也，道莫明省身之天，如天出之也。使其出也，答天之出四时而必忠其受也，则尧、舜之治无以加。是可生可杀，而不可使为乱。故曰："非道不行，非法不言。"此之谓也。

《传》曰：唯天子受命于天，天下受命于天子，一国则受命于君。君命顺，则民有顺命；君命逆，则民有逆命。故曰："一人有庆，兆民赖之。"此之谓也。

---

[1] 苏舆.春秋繁露义证·对胶西王越大夫不得为仁[M].北京：中华书局，1992.266—269.

《传》曰：政有三端：父子不亲，则致其爱慈；大臣不和，则敬顺其礼；百姓不安，则力其孝弟。孝弟者，所以安百姓也。力者，勉行之身以化之。天地之数，不能独以寒暑成岁，必有春夏秋冬。圣人之道，不能独以威势成政，必有教化。故曰：先之以博爱，教之以仁也；难得者，君子不贵，教以义也。虽天子必有尊也，教以孝也；必有先也，教以弟也。此威势之不足独恃，而教化之功不大乎？

《传》曰：天生之，地载之，圣人教之。君者，民之心也；民者，君之体也。心之所好，体必安之；君之所好，民必从之。故君民者，贵孝弟而好礼义，重仁廉而轻财利。躬亲职此于上，而万民听，生善于下矣。故曰："先王见教之可以化民也。"此之谓也。

衣服容貌者，所以说目也；声音应对者，所以说耳也；好恶去就者，所以说心也。故君子衣服中而容貌恭，则目说矣；言理应对逊，则耳说矣；好仁厚而恶浅薄，就善人而远僻鄙，则心说矣。故曰："行思可乐，容止可观。"此之谓也。[1]

董仲舒从其天道观出发，指出："人之形体，化天数而成；人之血气，化天志而仁；人之德行，化天理而义；人之好恶，化天之暖清；人之喜怒，化天之寒暑；人之受命，化天之四时。"人源出于天，人的身体结构与天相类，人的喜怒哀乐情感也与春夏秋冬四季相比附。同时指出"政有三端"，即用"爱慈"、"敬顺"、"孝悌"正确处理"父子"、"君臣"以及"百姓"之间的关系。然后他指出："圣人之道，不能独以威势成政，必有教化。"因此要"先之以博爱，教之以仁也；难得者，君子不贵，教以义也。虽天子必有尊也，教以孝也；必有先也，教以弟也。此威势之不足独恃，而教化之功不大乎"。董仲舒认为人们应该依循"天意"而为之，而修养道德依循道德的教化功能。"君者，民之心也；民者，君之体也。心之所好，体必安之；君之所好，民必从之。"君王好比心脏，人民好比身体。君王所喜好的人民一定顺从。君王"贵孝悌而好礼义，重仁廉而轻财利"。

──────────

[1] 苏舆.春秋繁露义证·为人者天[M].北京：中华书局，318-320.

那么天下百姓都会闻风向往。这样也印证了《孝经》所说的"先王见教之可以化民也"。

天地之行，美也。是以天高其位而下其施，藏其形而见其光，序列星而近至精，考阴阳而降霜露。高其位所以为尊也，下其施所以为仁也，藏其形所以为神也，见其光所以为明也，序列星所以相承也，近至精所以为刚也，考阴阳所以成岁也，降霜露所以生杀也。为人君者，其法取象于天。故贵爵而臣国，所以为仁也；深居隐处，不见其体，所以为神也；任贤使能，观听四方，所以为明也；量能授官，贤愚有差，所以相承也；引贤自近，以备股肱，所以为刚也；考实事功，次序殿最，所以成世也；有功者进，无功者退，所以赏罚也。是故天执其道为万物主，君执其常为一国主。天不可以不刚，主不可以不坚。天不刚则列星乱其行，主不坚则邪臣乱其官。星乱则亡其天，臣乱则亡其君。故为天者务刚其气，为君者务坚其政，刚坚然后阳道制命。

地卑其位而上其气，暴其形而著其情，受其死而献其生，成其事而归其功。卑其位所以事天也，上其气所以养阳也，暴其形所以为忠也，著其情所以为信也，受其死所以藏终也，献其生所以助明也，成其事所以助化也，归其功所以致义也。为人臣者，其法取象于地。故朝夕进退。奉职应对，所以事贵也；供设饮食，候视疚疾，所以致养也；委身致命，事无专制，所以为忠也；竭愚写情，不饰其过，所以为信也；伏节死难，不惜其命，所以救穷也；推进光荣，褒扬其善，所以助明也；受命宣恩，辅成君子，所以助化也；功成事就，归德于上，所以致义也。是故地明其理，为万物母，臣明其职为一国宰。母不可以不信，宰不可以不忠。母不信则草木伤其根，宰不忠则奸臣危其君。根伤则亡其枝叶，君危则亡其国。故为地者务暴其形，为臣者务著其情。

一国之君，其犹一体之心也。隐居深宫，若心之藏于胸；至贵无与敌，若心之神无与双也。其官人上士，高清明而下重浊，若身之贵目而贱足也；任群臣无所亲，若四肢之各有职也；内有四辅，若心之有肝肺脾肾也；外有百官，若心之有形体孔窍也；亲圣近贤，若神明皆聚于心也；上下相承顺，若肢体相为使也；布恩施惠，若元气之流皮毛腠理也；百姓皆得其所，若血气和平，形体无所苦也；无为致太平，若神气自通于渊也；致黄龙凤皇，若神明之致玉女芝英也。君明，臣蒙其功，若心之神，体得以全；臣贤，君蒙其恩，若形体之静而心得以安。上乱下被其患，若耳目不聪明而手足为伤也；臣不忠而君灭亡，若形体妄动而心为之丧。是故君臣之礼，若心之与体，心不可以不坚，君不可以不贤；体不可以不顺，臣不可以不忠。心所以全者，体之力也；君所以安者，臣之功也。[1]

《春秋繁露·天地之行》（第七十八）篇主要论述治国安民之道。天地之道是天尊地卑，各司其职。人之道应效法天地之道，任人唯贤，仁爱万民，无为而治是君道；忠贞不渝，辅助君王，积极有为是为臣之道。概而论之，君之德在于贤，臣之德在于忠。同时，董仲舒指出圣君皆是"高其位，所以为尊也，下其施，所以为仁也"。进行道德教化是实行仁政德治的重要手段，他指出："受命宣恩，辅成君子，所以助化也；功成事就，归德于上，所以致义也。"

天有和有德，有平有威，有相受之意，有为政之理，不可不审也。春者，天之和也；夏者，天之德也；秋者，天之平也；冬者，天之威也。天之序，必先和然后发德，必先平然后发威。此可以见不和不可以发庆赏之德，不平不可以发刑罚之威。又可以见德生于和，威生于平也。不和无德，不平无威，天之道也，达者以此见之矣。我虽有所愉而喜，必先和心以求其当，然后发庆赏以立其德。虽有所忿而怒，必先平心以求其政，然后发刑罚以立其威。能常若是者谓之天德，行天德者，谓之圣人。

[1] 苏舆.春秋繁露义证·天地之行[M].北京：中华书局，1992.458—461.

为人主者，居至德之位，操杀生之势，以变化民。民之从主也，如草木之应四时也。喜怒当寒暑，威德当冬夏。冬夏者，威德之合也；寒暑者，喜怒之偶也。喜怒之有时而当发，寒暑亦有时而当出，其理一也。当喜而不喜，犹当暑而不暑；当怒而不怒，犹当寒而不寒也；当德而不德，犹当夏而不夏也；当威而不威，犹当冬而不冬也。喜怒威德之不可以不直处而发也，如寒暑冬夏之不可不当其时而出也。故谨善恶之端，何以效其然也？[1]

《春秋繁露·威德所生》（第七十九）此篇阐释了董仲舒的道德教化观的作用。董仲舒认为："为人主者，居至德之位，操杀生之势，以变化民。"仁政德治的实施前提正是教化民众。董仲舒强调以教化作为实现仁政德治手段是儒家学说的传统，他指出："天有和有德，有平有威，有相受之意，有为政之理，不可不审也。春者，天之和也；夏者，天之德也；秋者，天之平也；冬者，天之威也。天之序，必先和然后发德，必先平然后发威。"意思是说，天之德为温和、恩德、公平和威严，春代表天之温和，夏代表天之恩德，秋代表天之公平，而冬代表天之威严。人道应遵循天道，正所谓"行天德者，谓之圣人"。所以，君王也应该具有温和、恩德、公平和威严四德，喜怒哀乐的表露不违背常理，赏善罚罪不违背道义。

2. 道德教育的内容

天地者，万物之本、先祖之所出也。广大无极，其德昭明，历年众多，永永无疆。天出至明，众知类也，其伏无不炤也。地出至晦，星日为明，不敢暗。君臣、父子、夫妇之道取之此。大礼之终也，臣子三年不敢当。虽当之，必称先君，必称先人，不敢贪至尊也。百礼之贵，皆编于月。月编于时，时编于君，君编于天。天之所弃，天下弗祐，桀、纣是也。天子之所诛绝，臣子弗得立，蔡世子、逢丑父是也。王

---

[1] 苏舆.春秋繁露义证·威德所生[M].北京：中华书局，1992.462—463.

父父所绝，子孙不得属，鲁庄公之不得念母，卫辄之辞父命是也。故受命而海内顺之，犹众星之共北辰，流水之宗沧海也。况生天地之间，法太祖先人之容貌，则其至德取象，众名尊贵，是以圣人为贵也。

泰伯至德之侔天地也，上帝为之废适易姓而子之。让其至德，海内怀归之。泰伯三让而不敢就位。伯邑考知群心贰，自引而激，顺神明也。至德以受命，豪英高明之人辐辏归之。高者列为公侯，下至卿大夫，济济乎哉，皆以德序。是故吴鲁同姓也，钟离之会不得序而称君，殊鲁而会之，为其夷狄之行也。鸡父之战，吴不得与中国为礼。至于伯莒黄池之行，变而反道，乃爵而不殊。召陵之会，鲁君在是而不得为主，避齐桓也。鲁桓即位十三年，齐、宋、卫、燕举师而东，纪、郑与鲁勠力而报之。后其日，以鲁不得遍，避纪侯与郑厉公也。

《春秋》常辞，夷狄不得与中国为礼。至邲之战，夷狄反道，中国不得与夷狄为礼，避楚庄也。邢、卫、鲁之同姓也，狄人灭之，《春秋》为讳，避齐桓也。当其如此也，惟德是亲，其皆先其亲。是故周之子孙，其亲等也，而文王最先。四时等也，而春最先。十二月等也，而正月最先。德等也，则先亲亲。鲁十二公等也，而定、哀最尊。卫俱诸夏也，善稻之会，独先内之，为其与我同姓也。吴俱夷狄也，柤之会，独先外之，为其与我同姓也。灭国十五有余，独先诸夏，鲁、晋俱诸夏也，讥二名，独先及之。盛伯、郜子俱当绝，而独不名，为其与我同姓兄弟也。外出者众，以母弟出，独大恶之，为其亡母背骨肉也。灭人者莫绝，卫侯毁灭同姓独绝，贱其本祖而忘先也。

亲等从近者始；立适以长，母以子贵先。甲戌、己丑，陈侯鲍卒，书所见也，而不言其暗者。陨石于宋五，六鹢退飞，耳闻而记，目见而书，或徐或察，皆以其先接于我者序之。其于会朝聘之礼亦犹是。诸侯与盟者众矣，而仪父独渐进。郑僖公方来会我而道杀，《春秋》致其意，谓之如会。潞子离狄而归，党以得亡，《春秋》谓之子，以领其意。包来、首戴、洮、践土与操之会，陈、郑去我，谓之逃归；郑处而不来，谓之乞盟；陈侯后至，谓之如会，莒人疑我，贬而称人。诸侯朝鲁者众矣，而滕、薛独称侯。州公化我，夺爵而无号。吴楚国先聘我者见贤，曲棘与鞍之战，先忧我者见尊。[1]

天地为万物之本，同时也是价值本源，"君臣、父子、夫妇之道取于此"。人应当效法天地之德，亲近有德之人。如果德行相同，就先爱人。引文阐释了董仲舒的道德教育的内容及其原则方法的观点，此篇反映了董仲舒以"三纲"为道德教育的重要内容，他指出"君臣、父子、夫妇之道取之此"。他认为"惟德是亲，其皆先其亲"、"德等也，则先亲亲"等都是应该恪守的道德信条。

董仲舒的道德教育思想源于其神学化的儒学。董仲舒的道德教育的内容就是以"三纲五常"为核心的儒家伦理道德。所谓"三纲"，就是"君为臣纲，父为子纲，夫为妻纲"。所谓"五常"，就是仁、义、礼、智、信。"三纲五常"被董仲舒论证为"天意"安排的永恒不变的信条，他说："道之大原出于天，天不变道亦不变"。在这里，他所说的"道"就是"三纲五常"的道德信条，这些道德是作为"百神之君"的"天"安排给人世间的，只要是"天意"不变，它就永远不能改变，董仲舒的思想为中国封建社会的政权、君权、神权、父权、夫权、族权的统治提供了理论依据。

礼者，继天地，体阴阳，而慎主客，序尊卑、贵贱、大小之位，而差外内、远近、新故之级者也，以德多为象。万物以广博众多，历年久者为象。其在天而象天者，莫大日月，继天地之光明，莫不照也。星莫大于大辰，北斗常星。部星三百，卫星三千。大火二十六星，伐十三星，北斗七星，常星九辞，二十八宿。多者宿二十八九。其犹蓍百茎而共一本，龟千载而人宝。是以三代传决疑焉。其得地体者，莫如山阜。

[1] 苏奥.春秋繁露义证·观德[M].北京:中华书局,1992.269-275.

人之得天得众者，莫如受命之天子。下至公、侯、伯、子、男，海内之心悬于天子，疆内之民统于诸侯。日月食，并告凶，不以其行。有星莩于东方，于大辰，入北斗，常星不见，地震，梁山沙鹿崩，宋、卫、陈、郑灾，王公大夫篡弑者，《春秋》皆书以为大异；不言众星之莩入、陨雨，原隰之袭崩，一国之小民死亡，不决疑于众草木也。唯田邑之称，多著主名。君将不言臣，臣不言师，王夷、君获，不言师败。孔子曰："唯天为大，唯尧则之。"则之者，大也。"巍巍乎其有成功也"，言其尊大以成功也。齐桓、晋文不尊周室，不能霸；三代圣人不则天地，不能至王。阶此而观之，可以知天地之贵矣。

夫流深者其水不测，尊至者其敬无穷。是故天之所加，虽为灾害，犹承而大之，其钦无穷，震夷伯之庙是也。天无错舛之灾，地有震动之异。天子所诛绝，所败师，虽不中道，而《春秋》者不敢阙，谨之也。故师出者众矣，莫言还。至师及齐师围成，成降于齐师，独言还。其君劫外，不得已，故可直言也。至于他师，皆其君之过也，而曰非师之罪。是臣子之不为君父受罪，罪不臣子莫大焉。

夫至明者其照无疆，至晦者其暗无疆。今《春秋》缘鲁以言王义，杀隐、桓以为远祖，宗定、哀以为考妣，至尊且高，至显且明。其基壤之所加，润泽之所被，条条无疆，前是常数，十年邻之，幽人近其墓而高明。大国齐、宋，离不言会。微国之君，卒葬之礼，录而辞繁。远夷之君，内而不外。当此之时，鲁无鄙疆，诸侯之伐哀者皆言我。邾娄庶其、鼻我，邾娄大夫。其于我无以亲，以近之故，乃得显明。隐、桓，亲《春秋》之先人也，益师卒而不日。于稷之会，言其成宋乱，以远外也。黄池之会，以两伯之辞，言不以为外，以近内也。[1]

"本"指天地。"奉本"意思是指遵从天地之本而行。天地既是万物之本，又是人道之源泉，因此孔子赞叹："唯天为大，唯尧则之"。礼是天地之本的社会化体现，"礼者，继天地，体阴阳"，礼的作用是别内外、序尊卑、尽人事，尊

─────────────────────

[1] 苏舆.春秋繁露义证·奉本[M].北京:中华书局,1992.275-283.

礼也就是"奉本"。"仁、义、礼、智、信"是董仲舒所认同的永恒不变的道德信条。董仲舒指出:"礼者,继天地,体阴阳,而慎主客,序尊卑贵贱大小之位,而差外内远近新故之级者也。"引文在阐释"礼"教的内容及应遵循的原则的同时,也点明了董仲舒道德教育内容的重要组成部分。

河间献王问温城董君曰:"《孝经》曰:'夫孝,天之经,地之义。'何谓也?"对曰:"天有五行,木火土金水是也。木生火,火生土,土生金,金生水。水为冬,金为秋,土为季夏,火为夏,木为春。春主生,夏主长,季夏主养,秋主收,冬主藏。藏,冬之所成也。是故父之所生,其子长之;父之所长,其子养之;父之所养,其子成之。诸父所为,其子皆奉承而续行之,不敢不致如父之意,尽为人之道也。故五行者,五行也。由此观之,父授之,子受之,乃天之道也。故曰:夫孝者,天之经也。此之谓也。"王曰:"善哉。天经既得闻之矣,愿闻地之义。"对曰:"地出云为雨,起气为风。风雨者,地之所为。地不敢有其功名,必上之于天。命若从天气者,故曰天风天雨也,莫曰地风地雨也。勤劳在地,名一归于天,非至有义,其孰能行此?故下事上,如地事天也,可谓大忠矣。土者,火之子也。五行莫贵于土。土之于四时无所命者,不与火分功名。木名春,火名夏,金名秋,水名冬。忠臣之义,孝子之行,取之土。土者,五行最贵者也,其义不可以加矣。五声莫贵于宫,五味莫美于甘,五色莫盛于黄,此谓孝者地之义也。"王曰:"善哉!"[1]

天有五行:一曰木,二曰火,三曰土,四曰金,五曰水。木,五行之始也;水,五行之终也;土,五行之中也。此其天次之序也。木生火,火生土,土生金,金生水,水生木,此其父子也。木居左,金居右,火居前,水居后,土居中央,此其父子之序,相受而布。是故木受水,而火受木,土受火,金受土,水受金也。诸授之者,

---

[1] 苏舆.春秋繁露义证·无行对[M].北京:中华书局,1992.314—317.

皆其父也；受之者，皆其子也。常因其父以使其子，天之道也。是故木已生而火养之，金已死而水藏之，火乐木而养以阳，水克金而丧以阴，土之事火竭其忠。故五行者，乃孝子忠臣之行也。五行之为言也，犹五行欤？是故以得辞也，圣人知之，故多其爱而少严，厚养生而谨送终，就天之制也。以子而迎成养，如火之乐木也。丧父，如水之克金也。事君，若土之敬天也。可谓有行人矣。五行之随，各如其序，五行之官，各致其能。是故木居东方而主春气，火居南方而主夏气，金居西方而主秋气，水居北方而主冬气。是故木主生而金主杀，火主暑而水主寒，使人必以其序，官人必以其能，天之数也。土居中央，为之天润。土者，天之股肱也。其德茂美，不可名以一时之事，故五行而四时者。土兼之也。金木水火虽各职，不因土，方不立，若酸咸辛苦之不因甘肥不能成味也。甘者，五味之本也，土者，五行之主也。五行之主土气也，犹五味之有甘肥也，不得不成。是故圣人之行，莫贵于忠，土德之谓也。人官之大者，不名所职，相其是矣。天官之大者，不名所生，土是矣。[1]

《五行对》篇在古代宇宙论意义上论证了五行，即木、火、土、金、水本指自然界的物质基础。董仲舒提出五行相生，并与四季相配。并进一步将五行论证为五种"德行"，即所谓："五行者，五德也。"在这五种德行中，董仲舒尤其推崇土德，他说："土者，五行最贵者也，其义不可以加矣。"董仲舒之所以推崇土德，在于其强调忠臣孝子应该取法土德，其目的在于从哲学高度论述"孝"的重要性。

接着，在《五行之义》篇中从五行出发，推衍五德。董仲舒认为土居中央，为五行之主，土德忠诚，是最为尊贵的，所以"圣人之行，莫贵于忠，土德之谓也"。五行尊土，是董仲舒五行思想的一个特色，正因如此，董仲舒特别赞美土德。

[1] 苏舆.春秋繁露义证·五行之义[M].北京：中华书局，1992.321—323.

58

董仲舒从五行之说出发，阐释其道德思想的核心，他说："天有五行：木火土金水是也。"在此引领下，"木生火，火生土，土生金、金生水"。然后"水为冬，金为秋，土为季夏，火为夏，木为春"。春主生，夏主长，季夏主养，秋主收，冬主藏，藏，冬之所成也。然后宇宙自然生生不息。董仲舒借五行之说，用以阐明"三纲五常"是道德思想体系中不变的道德信条。

天之大数，毕于十旬。旬天地之间，十而毕举；旬生长之功，十而毕成。十者，天数之所止也。古之圣人，因天数之所止，以为数纪。十如更始，民世世传之，而不知省其所起。知省其所起，则见天数之所始；见天数之所始，则知贵贱逆顺所在；知贵贱逆顺所在，则天地之情著，圣人之宝出矣。是故阳气以正月始出于地，生育长养于上。至其功必成也，而积十月。人亦十月而生，合于天数也。是故天道十月而成，人亦十月而成，合于天道也。故阳气出于东北，入于西北，发于孟春，毕于孟冬，而物莫不应是。阳始出，物亦始出；阳方盛，物亦方盛；阳初衰，物亦初衰。物随阳而出入，数随阳而终始，三王之正随阳而更起。以此见之，贵阳而贱阴也。故数日者，据昼而不据夜，数岁者，据阳而不据阴。阴不得达之义。是故《春秋》之于昏礼也，达宋公而不达纪侯之母。纪侯之母宜称而不达，宋公不宜称而达，达阳而不达阴，以天道制之也。丈夫虽贱皆为阳，妇人虽贵皆为阴。阴之中亦相为阴，阳之中亦相为阳。诸在上者皆为其下阳，诸在下者皆为其上阴。阴犹沈也。何名何有，皆并一于阳，昌力而辞功。故出云起雨，必令从之下，命之曰天雨。不敢有其所出，上善而下恶。恶者受之，善者不受。土若地，义之至也。是故《春秋》君不名恶，臣不名善，善皆归于君，恶皆归于臣。臣之义比于地，故为人臣者，视地之事天也。为人子者，视土之事火也。虽居中央，亦岁七十二日之王，傅于火以调和养长，然而弗名者，皆并功于火，火得以盛，不敢与父分功美，孝之至也。是故孝子之行，忠臣之义，皆法于地也。地事天也，犹下之事上也。地，天之合也，物无合会之义。是故推天地之精，运阴阳之类，以别顺逆之理。安所加以不在？在上下，在大小，在强弱，在贤不肖，在善恶。恶之属尽为阴，善之属尽为阳。阳为德，阴为刑。刑反德而顺于德，亦权之类也。虽曰权，皆在权成。是故阳行于顺，阴行于逆。逆行而顺，顺行而逆者，阴也。是故天以阴为权，以阳为经。阳出而南，阴出而北。经用于盛，权用于末。以此见天之显经隐权，前德而后刑也。故曰：阳天之德，阴天之刑也。阳气暖而阴气寒，阳气予而阴气夺，阳气仁而阴气戾，阳气宽而阴气急，阳气爱而阴气恶，阳气生而阴气杀。是故阳常居实位而行于盛，阴常居空位而行于末。天之好仁而近，恶戾之变而远，大德而小刑之意也。先经而后权，贵阳而贱阴也。故阴，夏入居下，不得任岁事，冬出居上，置之空处也。养长之时伏于下，远去之，弗使得为阳也。无事之时起之空处，使之备次陈，守闭塞也。此皆天之近阳而远阴，大德而小刑也。是故人主近天之所近，远天之所远；大天之所大，小天之所小。是故天数右阳而不右阴，务德而不务刑。刑之不可任以成世也，犹阴之不可任以成岁也。为政而任刑，谓之逆天，非王道也。[1]

古之造文者，三画而连其中，谓之王。三画者，天地与人也，而连其中者，通其道也。取天地与人之中以为贯而参通之，非王者孰能当是？是故王者唯天之施，施其时而成之，法其命如循之诸人，法其数而以起事，治其道而以出法，治其志而归之于仁。仁之美者在于天。天，仁也。天覆育万物，既化而生之，有养而成之，事功无已，终而复始，凡举归之以奉人。察于天之意，无穷极之仁也。人之受命于天也，取仁于天而仁也。是故人之受命天之尊，父兄子弟之亲，有忠信慈惠之心，有礼义廉让之行，有是非逆顺之治，文理灿然而厚，知广大有而博，唯人道可以参天。

天常以爱利为意，以养长为事，春秋冬夏皆其用也。王者亦常以爱利天下为意，以安乐一世为事，好恶喜怒而备用也。然而主之好恶喜怒，乃天之春夏秋冬

---

[1]　苏舆.春秋繁露义证·阳尊阴卑[M].北京:中华书局,1992.323—328.

也，其俱暖清寒暑而以变化成功也。天出此物者，时则岁美，不时则岁恶。人主出此四者，义则世治，不义则世乱。是故治世与美岁同数，乱世与恶岁同数，以此见人理之副天道也。天有寒有暑。夫喜怒哀乐之发，与清暖寒暑，其实一贯也。喜气为暖而当春，怒气为清而当秋，乐气为太阳而当夏，哀气为太阴而当冬。四气者，天与人所同有也，非人所能蓄也，故可节而不可止也。节之而顺，止之而乱。人生于天，而取化于天。喜气取诸春，乐气取诸夏，怒气取诸秋，哀气取诸冬，四气之心也。四肢之答各有处，如四时；寒暑不可移，若肢体。肢体移易其处，谓之壬人；寒暑移易其处，谓之败岁；喜怒移易其处，谓之乱世。明王正喜以当春，正怒以当秋，正乐以当夏，正哀以当冬。上下法此，以取天之道。春气爱，秋气严，夏气乐，冬气哀。爱气以生物，严气以成功，乐气以养生，哀气以丧终，天之志也。是故春气暖者，天之所以爱而生之；秋气清者，天之所以严而成之；夏气温者，天之所以乐而养之；冬气寒者，天之所以哀而藏之。春主生，夏主养，秋主收，冬主藏。生溉其乐以养，死溉其哀以藏，为人子者也。故四时之行，父子之道也；天地之志，君臣之义也；阴阳之理，圣人之法也。阴，刑气也；阳，德气也。阴始于秋，阳始于春。春之为言，犹偆偆也；秋之为言，犹湫湫也。偆偆者喜乐之貌也，湫湫者忧悲之状也。是故春喜夏乐，秋忧冬悲，悲死而乐生。以夏养春，以冬藏秋，大人之志也。是故先爱而后严，乐生而哀终，天之当也，而人资诸天。天固有此，然而无所之如其身而已矣。人主立于生杀之位，与天共持变化之势，物莫不应天化。天地之化如四时。所好之风出，则为暖气而有生于俗；所恶之风出，则为清气而有杀于俗。喜则为暑气而有养长也，怒则为寒气而有闭塞也。人主以好恶喜怒变习俗，而天以暖清寒暑化草木。喜怒时而当则岁美，不时而妄则岁恶。天地人主一也。然则人主之好恶喜怒，乃天之暖清寒暑也，不可不审其处而出也。当暑而寒，当寒而暑，必为恶岁矣。人主当喜而怒，当怒而喜，必为乱世矣。是故人主之大守，在于谨藏而禁内，使好恶喜怒必当义乃出，若暖清寒暑之必当其时乃发也。人主掌此而无失，使乃好恶喜怒未尝差也,如春秋冬夏之未尝过也,可谓参天矣。深藏此四者而勿使妄发,可谓天矣。[1]

《阳尊阴卑》篇从阴阳理论出发,提出了"阳尊阴卑"思想,并以此解释社会人事:男为阳,女为阴;君为阳,臣为阴;父为阳,子为阴;夫为阳,妻为阴。不仅如此,董仲舒进而论证德政为阳,刑罚为阴,所以应当重道德教化而轻刑罚威慑。"天数右阳而不右阴,务德而不务刑"。

"三纲"是董仲舒伦理思想体系的核心。董仲舒在《王道通三》篇中立足于天人合一的高度,对"王"字做了新的解释:横的三画分别代表天、地、人,中间一竖表示贯通天人之道,将天地人相贯通。由此而来,董仲舒进一步论证,人道应当效法天道而行。天生育万物,具有仁爱的品德;君王必须效法天道而归向仁德。天有春夏秋冬,人有喜怒哀乐,春晓秋冬循时而动,应时而起,不违天道;君王的喜怒哀乐应有所节制,"节之而顺,止之而乱"。天地的心志就是君王遵循的法则。他指出"人之受命于天也,取仁于天而仁也。是故人之受命天之尊,父兄子弟之亲,有忠信慈惠之心,有礼义廉让之行,有是非逆顺之治。文理灿然而厚,知广大有而博,惟人道可以参天"。而"父子之道,天地之志,君臣之义"是其道德教化的中心内容,遵循此道是封建社会主要的伦理道德规范。

凡物必有合。合,必有上,必有下,必有左,必有右,必有前,必有后,必有表,必有里。有美必有恶,有顺必有逆,有喜必有怒,有寒必有暑,有昼必有夜,此皆其合也。阴者阳之合,妻者夫之合,子者父之合,臣者君之合。物莫无合,而合各有阴阳。阳兼于阴,阴兼于阳,夫兼于妻,妻兼于夫,父兼于子,子兼于父,君兼于臣,臣兼于君。君臣、父子、夫妇之义,皆取诸阴阳之道。君为阳,臣为阴;父为阳,

[1] 苏舆.春秋繁露义证·王道通三[M].北京:中华书局,1992.328—333.

子为阴；夫为阳，妻为阴。阴道无所独行。其始也不得专起，其终也不得分功，有所兼之义。是故臣兼功于君，子兼功于父，妻兼功于夫，阴兼功于阳，地兼功于天。举而上者，抑而下也；有屏而左也，有引而右也；有亲而任也，有疏而远也；有欲日益也，有欲日损也。益其用而损其妨。有时损少而益多，有时损多而益少。少而不至绝，多而不至溢。

阴阳二物，终岁各壹出。壹其出，远近同度而不同意。阳之出也，常县于前而任事；阴之出也，常县于后而守空处。此见天之亲阳而疏阴，任德而不任刑也。是故仁义制度之数，尽取之天。天为君而覆露之，地为臣而持载之；阳为夫而生之，阴为妇而助之；春为父而生之，夏为子而养之；秋为死而棺之，冬为痛而丧之。王道之三纲，可求于天。天出阳，为暖以生之；地出阴，为清以成之。不暖不生，不清不成。然而计其多少之分，则暖暑居百而清寒居一。德教之与刑罚犹此也。故圣人多其爱而少其严，厚其德而简其刑，以此配天。天之大数必有十旬。旬，天地之数，十而毕举，旬，生长之功，十而毕成。天之气徐，矢寒矢暑。故寒不冻，暑不暍，以其有余徐来，不暴卒也。《易》曰："履霜坚冰"，盖言逊也。然则上坚不逾等，果是天之所为，弗作而成也。人之所为，亦当弗作而极也。凡有兴者，稍稍上之以逊顺往，使人心说而安之，无使人心恐。故曰：君子以人治人，懂能愿。此之谓也。圣人之道，同诸天地，荡诸四海，变易习俗。[1]

基义，即事物的基本含义，基本原理。董仲舒认为天地万物之道都是阴阳相对，彼此配合的。任何一个事物都有与之相匹配的另一个事物，且这种配合中，对应的双方有阴有阳。正如自然的事物有上下、左右、寒暑、昼夜等配合一样，在人事中，也有君臣、父子、夫妇之对，它们都源于天的阴阳之对，所以说："王道之三纲，可求于天。"

董仲舒从阴阳学角度阐释"三纲"，他指出："阴者阳之合，妻者夫之合，子

---

[1] 苏舆.春秋繁露义证·基义[M].北京：中华书局，1992.350-352.

者父之合，臣者君之合。物莫无合，而合各有阴阳。阳兼于阴，阴兼于阳，夫兼于妻，妻兼于夫，父兼于子，子兼于父，君兼于臣，臣兼于君。君臣、父子、夫妇之义，皆取诸阴阳之道。"他还说，"君为阳，臣为阴；父为阳，子为阴；夫为阳，妻为阴"，进一步巩固其封建伦理道德体系。同时董仲舒进一步指出，阴阳二物的出现，其意义不同。阳气在前，承担主要的工作和任务，阴气在后，不承担实际的工作，所以天亲近阳气而疏远阴气。而人事应效法天道，也应该重德政而轻刑罚。且上天之气的变化，是慢慢进行的，不会突然的发生，那么，圣人治理天下的法则和天地万物的法则应该是一致的。在这里，董仲舒道出了德教与刑罚要兼顾，但是也道出了道德教化的重要性，他说"君子以人治人，懂能愿，此之谓也"，"圣人之道，同诸天地，荡诸四海，变易习俗。"可见，虽然董仲舒注重德教与刑罚并重，但是却主张以德教为主，以刑罚为辅。

　　天、地、阴、阳、木、火、土、金、水、九，与人而十者，天之数毕也。故数者至十而止，书者以十为终，皆取之此。圣人何其贵者？起于天，至于人而毕。毕之外谓之物，物者投其所贵之端，而不在其中。以此见人之超然万物之上，而最为天下贵也。人，下长万物，上参天地。故其治乱之故，动静顺逆之气，乃损益阴阳之化，而摇荡四海之内。物之难知者若神，不可谓不然也。今投地死伤而不腾相助，投淖相动而近，投水相动而愈远。由此观之，夫物愈淖而愈易变动摇荡也。今气化之淖，非直水也。而人主以众动之无已时，是故常以治乱之气，与天地之化相殽而不治也。世治而民和，志平而气正，则天地之化精，而万物之美起。世乱而民乖，志僻而气逆，则天地之化伤，气生灾害起。是故治世之德，润草木，泽流四海，功过神明。乱世之所起亦博。若是，皆因天地之化，以成败物，乘阴阳之资，以任其所为，故为恶怨人力而功伤，名自过也。

　　天地之间，有阴阳之气，常渐人者，若水常渐鱼也。所以异于水者，可见与不可见耳，其澹澹也。然则人之居天地之间，其犹鱼之离水，一也。其无间若气而淖于水。水之比于气也，若泥之比于水也。是天地之间，若虚而实，人常渐是澹澹之中，而以治乱之气，与之流通相殽也。故人气调和，而天地之化美，殽于恶而味败，此易之物也。推物之类，以易见难者，其情可得。治乱之气，邪正之风，是殽天地之化者也。生于化而反殽化，与运连也。《春秋》举世事之道，夫有书天，之尽与不尽，王者之任也。《诗》云："天难谌斯，不易维王。"此之谓也。夫王者不可以不知天。知天，诗人之所难也。天意难见也，其道难理。是故明阳阴、入出、实虚之处，所以观天之志。辨五行之本末顺逆、小大广狭，所以观天道也。天志仁，其道也义。为人主者，予夺生杀，各当其义，若四时；列官置吏，必以其能，若五行；好仁恶戾，任德远刑，若阴阳。此之谓能配天。

天者其道长万物，而王者长人。人主之大，天地之参也；好恶之分，阴阳之理也；喜怒之发，寒暑之比也；官职之事，五行之义也。以此长天地之间，荡四海之内，殽阴阳之气，与天地相杂。是故人言：既曰王者参天地矣，苟参天地，则是化矣，岂独天地之精哉。王者亦参而殽之，治则以正气殽天地之化，乱则以邪气殽天地之化，同者相益，异者相损之数也，无可疑者矣。[1]

《天地阴阳》篇论述了人在天地中的地位和天人之间的关系。董仲舒从"天、地、阴、阳、木、火、土、金、水、九、人"出发，指出人们数数"至十而止"，书者也是"以十为终"，因为天数就是十个，且"起于天至于人而毕"，把人作为构成整个宇宙的十大要素之一，并指出这就是圣人之贵之原因。董仲舒以天人一气为基础，以类比推理来论证天人之间存在着感应关系，认为天地之间充满着气，人在天中如同鱼在水中，人的行为能够影响天地阴阳，人间太平就会导致天气和美，而人间混乱则会使天地的化育受到损害。"是故治世之德，润草木，泽流四海，功过神明；乱世之所起，亦博若是。"所以太平盛世的恩德能够

---

[1] 苏舆.春秋繁露义证·天地阴阳[M].北京:中华书局,1992.465-469.

滋润草木,恩惠遍布天下,功业超过神灵;混乱时所产生的不良影响也同样会很严重。同时董仲舒指出:"辨五行之本末顺逆,小大广狭,所以观天道也。天志仁,其道也义。为人主者,予夺生杀,各当其义,若四时;列官置吏,必以其能,若五行;好仁恶戾,任德远刑,若阴阳。此之谓能配天。"辨别五行的本末、顺逆、大小、广狭是用来观察天道的。上天的心意是仁爱的,它所行之道是正大适宜的。做君王的,给予人、剥夺人、让人活、让人死,都要符合道义,像四季一样;设置官吏,一定要按照他们的才能,像五行一样;喜好仁爱,厌恶暴戾,实行德政而避开刑杀,像阴阳一样,这样做才能配合天道。他以阴阳五行之说阐释封建社会的伦理道德规范符合"五行之义"。

　　天道施,地道化,人道义。圣人见端而知本,精之至也;得一而应万,类之治也。动其本者不知静其末,受其治者不能辞其终。利者;盗之本也;妄者乱之始也。夫受乱之始,动盗之本,而欲民之静,不可得也。故君子非礼而不言,非礼而不动。好色而无礼则流,饮食而无礼则争,流争则乱。夫礼,体情而防乱者也。民之情,不能制其欲,使之度礼。目视正色,耳听正声,口食正味,身行正道,非夺之情也,所以安其情也。变谓之情,虽持异物性亦然者,故曰内也。变变之变,谓之外。故虽以情,然不为性说。故曰:外物之动性,若神之不守也。积习渐靡,物之微者也。其入人不知,习忘乃为,常然若性,不可不察也。纯知轻思则虑达,节欲顺行则伦得,以谏争僩静为宅,以礼义为道则文德。是故至诚遗物而不与变,躬宽无争而不以与俗推,众强弗能入。蜩蜕浊秽之中,含得命施之理,与万物迁徙而不自失者,圣人之心也。

　　名者,所以别物也。亲者重,疏者轻,尊者文,卑者质,近者详,远者略,文辞不隐情,明情不遗文,人心从之而不逆,古今通贯而不乱,名之义也。男女犹道也。人生别言礼义,名号之由人事起也。不顺天道,谓之不义,察天人之分,观道命之异，可以知礼之说矣。见善者不能无好，见不善者不能无恶，好恶去就，不能坚守，故有人道。人道者，人之所由乐而不乱，复而不厌者，万物载名而生，圣人因其象而命之。然而可易也，皆有义从也，故正名以名义也。物也者，洪名也，皆名也，而物有私名，此物也，非夫物。故曰：万物动而不形者，意也；形而不易者，德也；乐而不乱，复而不厌者，道也。[1]

《天道论》篇主要论述礼治的重要性。礼是治国安民之根本，礼因循人情而制定，人情又是人性的外在表现。因此，礼制约人情，另一方面礼又须不违背人性。"以礼义为道则文德"，以礼为生活准则，德性就会美好。"天道施，地道化，人道义。"此乃天道、天理，"五常"是董仲舒所认同的永恒不变的道德信条。"圣人见端知本，精之至也，得一而应万，类之治也。"他指出，"人生别言礼义，名号之由人事起也。不顺天道，谓之不义，察天人之分，观道命之异，可以知礼之说矣"。所以顺应天道、顺应五常是遵循天道、遵循天理的体现。因此，"万物动而不形者，意也；形而不易者，德也；乐而不乱，复而不厌者，道也。"

3. 道德教育的原则与方法

中国古代教育家对于理想人格的形成多立足于个人自觉的道德修养，董仲舒也是如此，他提出了相应的道德修养的原则方法，这也反映了董仲舒对其自身个体的品德要求。

（1）重义轻利的人生理想

公观鱼于棠，何？恶也。凡人之性，莫不善义，然而不能义者，利败之也。故君子终日言不及利，欲以勿言愧之而已，愧之以塞其源也。夫处位动风化者，徒言利之名尔，犹恶之，况求利乎？故天王使人求赙求金，皆为大恶而书。今非直使人也，亲自求之，是为甚恶，讥何故言观鱼？犹言观社也，皆讳大恶之辞也。

---

[1] 苏舆.春秋繁露义证·天道施[M].北京：中华书局，1992.468—473.

《春秋》有经礼，有变礼。为如安性平心者，经礼也。至有于性，虽不安，于心，虽不平，于道，无以易之，此变礼也。是故昏礼不称主人，经礼也。辞穷无称，称主人，变礼也。天子三年然后称王，经礼也。有故则未三年而称王，变礼也。妇人无出境之事，经礼也。母为子娶妇，奔丧父母，变礼也。明乎经变之事，然后知轻重之分，可与适权矣。难者曰：《春秋》事同者辞同。此四者俱为变礼，而或达于经，或不达于经，何也？曰：春秋理百物，辨品类，别嫌微。修本末者也。是故星坠谓之陨，鹢坠谓之雨，其所发之处不同，或降于天，或发于地，其辞不可同也。今四者俱为变礼也同，而其所发亦不同。或发于男，或发于女，其辞不可同也。是或达于常，或达于变也。"[1]

在这里，董仲舒集中讨论了他的人性论和义利观。他指出："凡人之性，莫不善义，然而不能义者，利败之也；故君子终日言不及利，欲以勿言愧之而已，愧之以塞其源也。夫处位动风化者，徒言利之名尔，犹恶之，况求利乎？"意思是说，人的本性都是趋向选择"义"的，如果他没有选"义"，是因为"利"所导致的。在这里董仲舒强调君子应追求道义，并以此为自身道德修养的重要原则。

《春秋》之听狱也，必本其事而原其志。志邪者不待成，首恶者罪特重，本直者其论轻。是故逢丑父当斮，而辕涛涂不宜执，鲁季子追庆父，而吴季子释阖庐。此四者罪同异论，其本殊也。俱欺三军，或死或不死；俱弑君，或诛或不诛。听讼折狱，可无审耶！故折狱而是也，理益明，教益行。折狱而非也，暗理迷众，与教相妨。教，政之本也。狱，政之末也。其事异域，其用一也，不可不以相顺，故君子重之也。[2]

《春秋》中审狱断案，必定根据事实而探究当事人的动机。董仲舒认为，个体行为的动机比行为的效果更具有道德价值。他认为："志邪者不待成，首恶者

[1] 苏奥.春秋繁露义证·玉英[M].北京：中华书局，1992.72—76.
[2] 苏奥.春秋繁露义证·精华[M].北京：中华书局，1992.92—94.

罪特重,本直者其论轻。"动机邪恶时,不需要等到成为事实。带头作恶的判罪较重,动机正直的论罪就轻。这种精神强调的是思想和行为动机,落实到个人的道德修养上,就是要求人们要心正意诚,立志做一个适合封建国家要求的个人,并以此为理想和追求,将有损于封建纲常名教、有害封建国家利益的意念消失在内心萌芽状态。

天之生人也,使人生义与利。利以养其体,义以养其心。心不得义不能乐,体不得利,不能安。义者心之养也,利者体之养也。体莫贵于心,故养莫重于义,义之养生人大于利。奚以知之?今人大有义而甚无利,虽贫与贱,尚荣其行,以自好而乐生,原宪、曾、闵之属是也。人甚有利而大无义,虽甚富,则羞辱大恶。恶深,祸患重,非立死其罪者,即旋伤殃忧尔,莫能以乐生而终其身,刑戮夭折之民是也。

夫人有义者,虽贫能自乐也。而大无义者,虽富莫能自存。吾以此实义之养生人,大于利而厚于财也。民不能知而常反之,皆忘义而殉利,去理而走邪,以贼其身而祸其家。此非其自为计不忠也,则其知之所不能明也。今握枣与错金,以示婴儿,婴儿必取枣而不取金也。握一斤金与千万之珠,以示野人,野人必取金而不取珠也。故物之于人,小者易知也,其于大者难见也。今利之于人小而义之于人大者,无怪民之皆趋利而不趋义也,固其所暗也。

圣人事明义以照耀其所暗,故民不陷。《诗》云:"示生显德行。"此之谓也。先王显德以示民,民乐而歌之以为诗,说而化之以为俗,故不令而自行,不禁而自止,从上之意,不待使之,若自然矣。故曰:圣人天地动、四时化者,非有他也,其见义大故能动,动故能化,化故能大行,化大行故法不犯,法不犯故刑不用,刑不用则尧舜之功德。此大治之道也,先圣传授而复之。故孔子曰:"谁能出不由户,何莫由斯道也。"今不示显德行,民暗于义,不能炤;迷于道不能解,因欲大严憯以必正之,直残贼天民而薄主德耳,其势不行。仲尼曰:"国有道,虽加刑,无刑也。国无道，虽杀之，不可胜也。"其所谓有道无道者，示之以显德行与不示尔。[1]

如何看待"义"与"利"的关系？董仲舒提出"身之养重于义"的道德修养原则，董仲舒认为："天之生人也，使人生义与利。利以养其体，义以养其心。心不得义不能乐，体不得利，不能安。义者心之养也，利者体之养也。体莫贵于心，故养莫重于义，义之养生人大于利。"也就是说，自身道德修养在道德教育体系中占据了重要位置。然后论证"义养"（即养心）重于"利养"（即养身）。由于一般人平常只是见小不见大，即见利不见义，因而"皆趋利而不趋义"。对于这种局面，有两种处理方法：一是直接诉诸严刑酷法。董仲舒认为这是绝对行不通的；二是采取德行教化，晓民以义。董仲舒认为这才是"大治之道"。同时要注意正的养身方法，义与利要兼顾，养心与养体兼顾，但是值得注意的是，董仲舒推崇的是重义轻利的义利观。由于"义"具有养心的重要作用，"利"只有"养体"是为了满足生理之欲望，因此，董仲舒在先秦"养心莫过于寡欲"和"重义轻利"思想的影响下，提出处理义利关系，或者说修身养德的基本原则应该是"正其谊（义）不谋其利，明其道不计其功"。"夫人有义者，虽贫能自乐也。而大无义者，虽富莫能自存。吾以此实义之养生人，大于利而厚于财也。"他主张培养人为国家为集体的利益而献身的精神。可见，这体现了对封建国家利益原则的道义的追求应高于对个人利益的追求。只有这样，人生才能获得高度的和谐和最终的满足，也应是人生基本价值取向。这种道德修养原则从统治者来说，应该起"正身"以"修人"的作用，而对广大劳苦民众来讲却是愚忠、禁欲的毒害，他让人们"虽贫能自安"，逆来顺受，丧失反抗的精神和意志。

孔子曰："不患贫而患不均。"故有所积重，则有所空虚矣。大富则骄，大贫则忧。忧则为盗，骄则为暴，此众人之情也。圣者则于众人之情，见乱之所从生。

[1] 苏舆.春秋繁露义证·身之养重于义[M].北京：中华书局，1992.263—266.

故其制人道而差上下也，使富者足以示贵而不至于骄，贫者足以养生而不至于忧。以此为度而调均之，是以财不匮而上下相安，故易治也。今世弃其度制，而各从其欲。欲无所穷，而俗得自恣，其势无极。大人病不足于上，而小民羸瘠于下，则富者愈贪利而不肯为义，贫者日犯禁而不可得止，是世之所以难治也。

孔子曰："君子不尽利以遗民。"《诗》云："彼其遗秉，此有不敛穧，伊寡妇之利。"故君子仕则不稼，田则不渔，食时不力珍，大夫不坐羊，士不坐犬。《诗》曰："采葑采菲，无以下体。德音莫违，及尔同死。"以此防民，民犹忘义而争利，以亡其身。天不重与，有角不得有上齿。故已有大者，不得有小者，天数也。夫已有大者又兼小者，天不能足之，况人乎？故明圣者象天所为，为制度，使诸有大奉禄亦皆不得兼小利，与民争利业，乃天理也。凡百乱之源，皆出嫌疑纤微，以渐寖稍长至于大。圣人章其疑者，别其微者，绝其纤者，不得嫌以蚤防之。圣人之道，众隄防之类也。谓之度制，谓之礼节。故贵贱有等，衣服有制，朝廷有位，乡党有序，则民有所让而不敢争，所以一之也。《书》曰："舆服有庸，谁敢弗让，敢不敬应。"此之谓也。[1]

度制，即制度。作者认为贫富悬殊是严重的社会问题，指出了"调均"的社会政治主张。调均的具体原则是"使富者足以示贵而不至于骄，贫者足以养生而不至于忧"。董仲舒首先以孔子的观点"不患贫而患不均"为切入点，指出："大富则骄，大贫则忧。忧则为盗，骄则为暴，此众人之情也。"在这种情况之下，社会就乱了，出现了"富者愈贪利而不肯为义，贫者日犯禁而不可得止"的局面，很难治理。从一个侧面反映了人们关于义与利的选择情况。接着，董仲舒再次引用孔子"君子不尽利以遗民"和《诗经》的相关观点，指出民众忘义争利的原因，并且表明，圣者应提防此类事情的发生，用相应的"度制"、"礼节"来进行防治，"故贵贱有等，衣服有制，朝廷有位，乡党有序，则民有所让而不敢争，所以一之也。"所以，贵贱有一定的等级，衣服有一定的制度，朝廷有一定的位置，地

[1] 苏舆.春秋繁露义证·度制[M].北京:中华书局,1992.226—233.

方上有一定的次序，这样，人民有所礼让而不敢争执，这就是用来统一人民的方法在揭示当时社会人们关于义与利的选择情况的同时，也反映了董仲舒重义轻利的义利观。

(2)"循天之道以养其身"

循天之道，以养其身，谓之道也。天有两和以成二中，岁立其中，用之无穷。是北方之中用合阴，而物始动于下；南方之中用合阳，而养始美于上。其动于下者，不得东方之和不能生，中春是也。其养于上者，不得西方之和不能成，中秋是也。然则天地之美恶，在两和之处，二中之所来归而遂其为也。是故和东方生而西方成，东方和生北方之所起，西方和成南方之所养长。起之不至于和之所不能生，养长之不至于和之所不能成。成于和，生必和也；始于中，止必中也。中者，天地之所终始也；而和者，天地之所生成也。夫德莫大于和，而道莫正于中。中者，天地之美达理也，圣人之所保守也。《诗》云："不刚不柔，布政优优。"此非中和之谓与？是故能以中和理天下者，其德大盛；能以中和养其身者，其寿极命。[1]

董仲舒向来重视道德修养的原则和方法，他从其天道观指出，道德修养即是"道"，他说："循天之道以养其身，谓之道也。"将道德修养上升到天意使然，借以加强封建社会的伦理道德规范。之后董仲舒沿袭儒家中庸之道，阐释"中和"的观念。他说："起之不至于和之所不能生，养长之不至于和之所不能成。成于和，生必和也；始于中，止必中也。中者，天地之所终始也；而和者，天地之所生成也。夫德莫大于和，而道莫正于中。中者，天地之美达理也，圣人之所保守也。《诗》云：'不刚不柔，布政优优。'此非中和之谓与？是故能以中和理天下者，其德大盛，能以中和养其身者，其寿极命。"这里面也指出了董仲

─────────────

[1] 苏舆.春秋繁露义证·循天之道[M].北京：中华书局，1992.444—445.

72

舒关于道德修养的方法——中和。循天之道，以"中和理天下"、以"中和养其身"，则其德大盛，且寿极命。可见循天之道以养身，中和的方法是董仲舒的一个重要观点。

故君子道至，气则华而上。凡气从心。心，气之君也，何为而气不随也。是以天下之道者，皆言内心其本也。故仁人之所以多寿者，外无贪而内清净，心和平而不失中正，取天地之美以养其身，是其且多且治。鹤之所以寿者，无宛气于中，是故食冰。猿之所以寿者，好引其末，是故气四越。天气常下施于地，是故道者亦引气于足；天之气常动而不滞，是故道者亦不宛气。苟不治，虽满不虚。是故君子不养而和之，节而法之，去其群泰，取其众和。高台多阳，广室多阴，远天地之和也，故圣人弗为，适中而已矣。

法人八尺，四尺其中也。宫者，中央之音也；甘者，中央之味也；四尺者，中央之制也。是故三王之礼，味皆尚甘，声皆尚和。处其身所以常自渐于天地之道，其道同类，一气之辨也。法天者乃法人之辨。天之道，向秋冬而阴来，向春夏而阴去。是故古之人霜降而迎女，冰泮而杀内，与阴俱近，与阳俱远也。天地之气，不致盛满，不交阴阳。是故君子甚爱气而游于房，以体天也。气不伤于以盛通，而伤于不时、天并。不与阴阳俱往来，谓之不时；恣其欲而不顾天数，谓之天并。君子治身，不敢违天。是故新牡十日而一游于房，中年者倍新牡，始衰者倍中年，中衰者倍始衰，大衰者以月当新牡之日，而上与天地同节矣。此其大略也，然而其要皆期于不极盛不相遇。疏春而旷夏，谓不远天地之数。

民皆知爱其衣食，而不爱其天气。天气之于人，重于衣食。衣食尽，尚犹有间，气尽而立终。故养生之大者，乃在爱气。气从神而成，神从意而出。心之所之谓意，意劳者神扰，神扰者气少，气少者难久矣。故君子闲欲止恶以平意，平意以静神，静神以养气。气多而治，则养身之大者得矣。

古之道士有言曰：将欲无陵，固守一德。此言神无离形，而气多内充，而忍饥寒也。和乐者，生之外泰也；精神者，生之内充也。外泰不若内充，而况外伤乎？忿恤忧恨者，生之伤也；和说劝善者，生之养也。君子慎小物而无大败也。行中正，声向荣，气意和平，居处虞乐，可谓养生矣。凡养生者，莫精于气。是故春袭葛，夏居密阴，秋避杀风，冬避重漯，就其和也。衣欲常漂，食欲常饥。体欲常劳，而无长佚，居多也。凡天地之物，乘于其泰而生，厌于其胜而死，四时之变是也。故冬之水气，东加于春而木生，乘其泰也。春之生，西至金而死，厌于胜也。生于木者，至金而死；生于金者，至火而死。春之所生而不得过秋，秋之所生不得过夏，天之数也。饮食臭味，每至一时，亦有所胜，有所不胜，之理不可不察也。[1]

董仲舒又接着阐释："故君子道至，气则华而上。"所以说君子之道至，其精神气色必定丰盈而华美。"凡气从心，心，气之君也，何为而气不随也。是以天下之道者，皆言内心其本也。故仁人之所以多寿者，外无贪而内清净，心和平而不失中正，取天地之美，以养其身，是其且多且治。"而气质又是由心来主宰的，气随心而动。正因如此，天下仁者多寿，是因为在外他们不贪嗔、在内心灵清净，心境平和自然中正、宽和，他们是在用天地之美养其身，所以是非常合适的。

董仲舒还指出："故养生之大者，乃在爱气，气从神而成，神从意而出。心之所之谓意，意劳者神扰，神扰者气少，气少者难久矣。故君子闲欲止恶以平意，平意以静神，静神以养气。"指出了养生同"气"、"神"、"意"之间的关系。指出了"气多而治，则养身之大者得矣"。真正的养生是什么样的呢？"行中正，声向荣，气意和平，居处虞乐，可谓养生矣。"同时养生者还是要注意的是，"凡养生者，莫精于气，是故春袭葛，夏居密阴，秋避杀风，冬避重漯，就其和也。衣欲常漂，食欲常饥。体欲常劳，而无长佚，居多也。"正所谓"凡天地之物，乘

[1] 苏舆.春秋繁露义证·循天之道[M].北京:中华书局,1992.448－454.

于其泰而生，厌于其胜而死，四时之变是也"。

(3) "以仁安人，以义治我"

《春秋》之所治，人与我也。所以治人与我者，仁与义也。以仁安人，以义正我，故仁之为言人也，义之为言我也，言名以别矣。仁之与人，义之于我者，不可不察也。众人不察，乃反以仁自裕，而以义设人。诡其处而逆其理，鲜不乱矣。是故人莫欲乱，而大抵常乱。凡以暗于人我之分，而不省仁义之所在也。是故《春秋》为仁义法。仁之法在爱人，不在爱我。义之法在正我，不在正人。我不自正，虽能正人，弗予为义。人不被其爱，虽厚自爱，不予为仁。

昔者晋灵公杀膳宰以淑饮食，弹大夫以娱其意，非不厚自爱也，然而不得为淑人者，不爱人也。质于爱民，以下至于鸟兽昆虫莫不爱。不爱，奚足谓仁？仁者，爱人之名也。觹，《传》无大之之辞。自为追，则善其所恤远也。兵已加焉，乃往救之，则弗美。未至豫备之，则美之，善其救害之先也。夫救蚤而先之，则害无由起，而天下无害矣。然则观物之动，而先觉其萌，绝乱塞害于将然而未形之时，《春秋》之志也，其明至矣。非尧、舜之智，知礼之本，孰能当此？故救害而先知之，明也。公之所恤远，而《春秋》美之。详其美恤远之意，则天地之间然后快其仁矣。非三王之德，选贤之精，孰能如此？是以知明先，以仁厚远。远而愈贤、近而愈不肖者，爱也。故王者爱及四夷，霸者爱及诸侯，安者爱及封内，危者爱及旁侧，亡者爱及独身。独身者，虽立天子诸侯之位，一夫之人耳，无臣民之用矣。如此者，莫之亡而自亡也。《春秋》不言伐梁者，而言梁亡，盖爱独及其身者也。故曰仁者爱人，不在爱我，此其法也。

义云者，非谓正人，谓正我。虽有乱世枉上，莫不欲正人。奚谓义？昔者楚灵王讨陈、蔡之贼，齐桓公执袁涛涂之罪，非不能正人也，然而春秋弗予，不得为义者，我不正也。阖庐能正楚、蔡之难矣，而《春秋》夺之义辞，以其身不正也。潞子之于诸侯，无所能正，《春秋》予之有义，其身正也，趋而利也。故曰义在正我，不在正人，此其法也。夫我无之求诸人，我有之而诽诸人，人之所不能受也。其理逆矣，何可谓义？义者，谓宜在我者。宜在我者，而后可以称义。故言义者，合我与宜，以为一言。以此操之，义之为言我也。故曰有为而得义者，谓之自得；有为而失义者，谓之自失。人好义者，谓之自好；人不好义者，谓之不自好。以此参之，义，我也，明矣。

是义与仁殊。仁谓往，义谓来，仁大远，义大近。爱在人谓之仁，义在我谓之义。仁主人，义主我也。故曰仁者人也，义者我也，此之谓也。君子求仁义之别，以纪人我之间，然后辨乎内外之分，而著于顺逆之处也。是故内治反理以正身，据礼以劝福。外治推恩以广施，宽制以容众。孔子谓冉子曰："治民者先富之，而后加教。"语樊迟曰："治身者，先难后获。"以此之谓治身之与治民，所先后者不同焉矣。《诗》曰："饮之食之，教之诲之。"先饮食而后教诲，谓治人也。又曰："坎坎伐辐，彼君子兮，不素餐兮！"先其事，后其食，谓治身也。《春秋》刺上之过，而矜下之苦；小恶在外弗举，在我书而诽之。凡此六者，以仁治人。义治我，躬自厚而薄责于外，此之谓也。且《论》已见之，而人不察，曰君子攻其恶，不攻人之恶。不攻人之恶，非仁之宽与？自攻其恶，非义之全与？此之谓仁造人，义造我，何以异乎？故自称其恶谓之情，称人之恶谓之贼；求诸己谓之厚，求诸人谓之薄；自责以备谓之明。责人以备谓之惑。是故以自治之节治人，是居上不宽也；以治人之度自治，是为礼不敬也。为礼不敬，则伤行而民不尊；居上不宽，则伤厚而民弗亲。弗亲则弗信，弗尊则弗敬。二端之政诡于上，而僻行之则诽于下，仁义之处可无论乎？夫目不视弗见，心弗论不得。虽有天下之至味，弗嚼弗知其旨也；虽有圣人之至道，弗论不知其义也。[1]

此篇阐释董仲舒的义利观。《春秋》所关注的就是人与人之间的社会道德风尚，而仁与义恰恰正是处理人与人之间关系最重要的两大价值体系。董仲舒

[1] 苏奥.春秋繁露义证·仁义法[M].北京：中华书局，1992.249-256.

认为"仁者，人也；义者，我也"；"以仁安人，以义治我"。仁的核心是爱人，是普遍的、无等差的爱；义是对自我的道德要求，总的要求是宽厚待人，严于律己。通过仁义关系及其内涵的解读，反映董仲舒重义轻利的价值取向和他所认同的道德教育的内容。"义"所说的，不是端正别人，而是端正自我。有行为合乎义的，叫作自得；有行为不合乎义的，叫作自失；喜好义的叫作自好；不喜好义的，叫作不自好。同时，董仲舒也指出义与仁不同。仁是施于别人，所以说的是"往"，即义是责于自我，所以说是"来"；仁施与得越远越值得赞美，义要求自己越接近越值得赞美。把爱施与别人，叫作仁；自己行为适宜，叫作义。仁注重的是对待别人，义注重的是对待自我，君子寻求仁与义的区别，用来调节别人与自我的关系，然后辨清内与外的分别，表明顺与逆的所在之处。因此在对待自我和对待别人方面应遵循相应的原则。

董仲舒继承了孔子以来克己内省的德育思想，提倡在处理人我关系的时候，尤其是当个人与他人之间发生矛盾、摩擦的时候，应该"躬自厚而薄责于人"。"仁"是建立在对人类生命珍视热爱的基础上，是凸显对个人生命价值与权利的尊重。"义"是从封建国家的公利出发确定的行为准则，凸显的是个人对社会及其他个体的责任与义务。董仲舒认为："仁者，人也；义者，我也"；"以仁安人，以义治我"。意思是说，在处理人我关系的时候，要求人们从尊重他们的价值与权利出发，应该用仁爱的精神对待他人，具体表现则为"求诸人谓之薄"、"躬身厚而薄责于人"，对待别人要"多摘花，少栽刺"，以宽容为怀；要用义的尺度约束自己，具体表现为"求诸己谓之厚"，多做批评与自我批评，善于发现自己的缺点和不足。这实际上是对先秦儒家强调主体道德自觉精神的继承与发展。

董仲舒所提倡的这种修养原则和方法，如果我们剔出其麻痹人民反抗、斗争意识的封建毒素，作为今天处理同事之间、朋友之间、同学之间关系的一种准则仍是可取的。

(4)"必仁且智"

莫近于仁，莫急于智。不仁而有勇力材能，则狂而操利兵也；不智而辩慧獧给，则迷而乘良马也。故不仁不智而有材能，将以其材能以辅其邪狂之心，而赞其僻违之行，适足以大其非而甚其恶耳。其强足以覆过，其御足以犯诈，其慧足以惑愚，其辩足以饰非，其坚足以断辟，其严足以拒谏。此非无材能也，其施之不当而处之不义也。有否心者，不可藉便埶，其质愚者不与利器。《论》之所谓不知人也者，恐不知别此等也。仁而不智，则爱而不别也；智而不仁，则知而不为也。故仁者所以爱人类也，智者所以除其害也。

何谓仁？仁者憯怛爱人，谨翕不争，好恶敦伦，无伤恶之心，无隐忌之志，无嫉妒之气，无感愁之欲，无险诐之事，无僻违之行。故其心舒，其志平，其气和，其欲节，其事易，其行道，故能平易和理而无争也。如此者谓之仁。

何谓之智？先言而后当。凡人欲舍行为，皆以其智先规而后为之。其规是者，其所为得，其所事当，其行遂，其名荣，其身故利而无患，福及子孙，德加万民，汤武是也。其规非者，其所为不得，其所事不当，其行不遂，其名辱，害及其身，绝世无复，残类灭宗亡国是也。故曰莫急于智。智者见祸福远，其知利害蚤，物动而知其化，事兴而知其归，见始而知其终，言之而无敢哗，立之而不可废，取之而不可舍，前后不相悖，终始有类，思之而有复，及之而不可厌。其言寡而足，约而喻，简而达，省而具；少而不可益，多而不可损。其动中伦，其言当务。如是者谓之智。

其大略之类，天地之物有不常之变者，谓之异，小者谓之灾。灾常先至而异乃随之。灾者，天之谴也；异者，天之威也。谴之而不知，乃畏之以威，《诗》云："畏天之威。"殆此谓也。

凡灾异之本，尽生于国家之失。国家之失乃始萌芽，而天出灾害以谴告之；谴告之而不知变，乃见怪异以惊骇之，惊骇之尚不知畏恐，其殃咎乃至。以此见天意之仁而不欲陷人也。

谨案灾异以见天意。天意有欲也，有不欲也。所欲所不欲者，人内以自省，宜有惩于心；外以观其事，宜有验于国。故见天意者之于灾异也，畏之而不恶也，以为天欲振吾过，救吾失，故以此报我也。《春秋》之法，上变古易常，应是而有天灾者，谓幸国。孔子曰："天之所幸，有为不善而屡极。"楚庄王以天不见灾，地不见孽，则祷之于山川，曰："天其将亡予邪？不说吾过，极吾罪也。"以此观之，天灾之应过而至也，异之显明可畏也。此乃天之所欲救也，《春秋》之所独幸也，庄王所以祷而请也。圣主贤君尚乐受忠臣之谏，而况受天谴也？[1]

董仲舒论述了道德修养原则中"仁"、"智"的关系问题，人之德行没有比仁爱更合乎人性的，没有比智慧更迫切的，"莫近于仁，莫急于智"，并且提出了"必仁且智"的命题。针对道德修养中情感与认知两种不同心理因素之间的关系，董仲舒提出了"必仁且智"的命题，首先，他指出何为仁？何为智？他指出："仁者，憯怛爱人，谨翕不争，好恶敦伦，无伤恶之心，无隐忌之志，无嫉妒之气，无感愁之欲，无险诐之事，无辟违之行。故其心舒，其志平，其气和，其欲节，其事易，其行道，故能平易和理而无争也。如此者谓之仁。"仁就是：诚恳地爱护别人，恭敬和合而不争斗，喜好并诚恳地遵从伦理道德，没有伤害别人的心理，没有暗中忌恨别人的心志，没有嫉妒别人的情绪，没有抱怨忧闷的意愿，没有阴险邪僻的事情，没有邪恶乖僻的行为。这样的人心情舒畅，志气平和，欲望有节制，行事平易，行为合乎正道，所以他能平和愉快而合理地生活，与世无争。这样的德行，就叫作仁。还指出何谓"智者"？应该"先言而后当"。就是先说出来，后来证明所说的是恰当的。"智者见祸福远，其知利害蚤，物动而知其化，事兴而知其归，见始而知其终，言之而无敢哗，立之而不可废，取之而不可舍，前后不相悖，终始有类，思之而有复，及之而不可厌。其言寡而足，约而喻，

---

[1] 苏奥.春秋繁露义证·必仁且智[M].北京：中华书局，1992.256—262.

简而达,省而具;少而不可益,多而不可损。其动中伦,其言当务"。有智慧的人能预测福祸,看到开端就知道结果。他说话别人不敢喧哗,他确立的东西别人无法废除,他采取的方法别人无法舍弃。智者的行为前后不相违背,始终都有法度,他思考的可以重复思考而找不出破绽,他得到的结论别人无法损益。他的行动合乎伦理,语言切合时务,这样的德行才是"智"。

其次,董仲舒认为道德修养中必须做到"仁"与"智"的统一。他说:"仁而不智,则爱而不别也;智而不仁,则知而不为也。故仁者所爱人类也,智者所以除其害也。"有仁而没有智,就会爱人而不知有差别;有智而没有仁,虽知道什么是善,但不能亲自去做。所以,仁爱是播爱天下,智慧是为天下除害。这里突出强调了道德修养中情感与认知的统一。

(三)论教学

1. 教学内容

(1)"六学皆大"

《春秋》讥文公以丧取。难者曰:"丧之法,不过三年。三年之丧,二十五月。今按经,文公乃四十一月方取。取时无丧,出其法也久矣。何以谓之丧取。"曰:"《春秋》之论事,莫重于志。今取必纳币,纳币之月在丧分,故谓之丧取也。且文公秋袷祭,以冬纳币,皆失于太蚤。《春秋》不讥其前,而顾讥其后,必以三年之丧,肌肤之情也。虽从俗而不能终,犹宜未平于心。今全无悼远之志,反思念取事,是《春秋》之所甚疾也。故讥不出三年于首而已,讥以丧取也。不别先后,贱其无人心也。缘此以论礼,礼之所重者在其志。志敬而节具,则君子予之知礼。志和而音雅,则君子予之知乐。志哀而居约,则君子予之知丧。故曰:非虚加之,重志之谓也。志为质,物为文。文著于质,质不居文,文安施质?质文两备,然后其礼成。文质偏行，不得有我尔之名。俱不能备而偏行之，宁有质而无文。虽弗予能礼，尚少善之，介葛卢来是也。有文无质，非直不子，乃少恶之，谓州公寔来是也。然则《春秋》之序道也，先质而后文，右志而左物。故曰："礼云礼云，玉帛云乎哉？"推而前之，亦宜曰：朝云朝云，辞令云乎哉？"乐云乐云，钟鼓云乎哉？"引而后之，亦宜曰：丧云丧云，衣服云乎哉？是故孔子立新王之道，明其贵志以反和，见其好诚以灭伪。其有继周之弊，故若此也。

《春秋》之法，以人随君，以君随天。曰：缘民臣之心，不可一日无君。一日不可无君，而犹三年称子者，为君心之未当立也。此非以人随君耶？孝子之心，三年不当。三年不当而逾年即位者，与天数俱终始也。此非以君随天邪？故屈民而伸君，屈君而伸天，《春秋》之大义也。

春秋论十二世之事，人道浃而王道备。法布二百四十二年之中，相为左右，以成文采。其居参错，非袭古也。是故论《春秋》者，合而通之，缘而求之，五其比，偶其类，览其绪，屠其赘，是以人道浃而王法立。以为不然？今夫天子逾年即位，诸侯于封内三年称子，皆不在经也，而操之与在经无以异。非无其辨也，有所见而经安受其赘也。故能以比贯类、以辨付赘者，大得之矣。

人受命于天，有善善恶恶之性，可养而不可改，可豫而不可去，若形体之可肥轵，而不可得革也。是故虽有至贤，能为君亲含容其恶，不能为君亲令无恶。书曰："厥辟去厥祗"。事亲亦然，皆忠孝之极也。非至贤安能如是？父不父则子不子，君不君则臣不臣耳。

文公不能服丧，不时奉祭，不以三年，又以丧取，取于大夫，以卑宗庙，乱其群祖以逆先公。小善无一，而大恶四五；故诸侯弗予盟，命大夫弗为使，是恶恶之征、不臣之效也。出侮于外，入夺于内，无位之君也。孔子曰："政逮于大夫，四世矣。"盖自文公以来之谓也。

君子知在位者不能以恶服人也，是故简六艺以赡养之。"《诗》、《书》序其志,《礼》、《乐》纯其美,《易》、《春秋》明其知。六学皆大,而各有所长。《诗》道志,故长于质。《礼》制节,故长于文。《乐》咏德,故长于风。《书》着功,故长于事。《易》本天地,故长于数。《春秋》正是非,故长于治人。能兼得其所长,而不能遍举其详也。故人主大节则知暗,大博则业厌。二者异失同贬,其伤必至,不可不察也。……[1]

董仲舒重视教学,他说:"君子不学,不成其德。"教学的主要任务在于培养德性。在对儒家经典的特点和各经教育作用的概括上,董仲舒非常重视六艺的学习,他做了如下阐发,他说:"《诗》、《书》序其志,《礼》、《乐》纯其美,《易》、《春秋》明其知,六学皆大,而各有所长。《诗》道志,故长于质。《礼》制节,故长于文。《乐》咏德,故长于风。《书》着功,故长于事。《易》本天地,故长于数。《春秋》正是非,故长于治人。"又说:"《春秋》之为学也,道往而明来者也,然而其辞,体天之微,故难知也。"所以学者应"兼其所长",不要"遍举其详"。这种"兼其所长"的教学观点是可取的。

考意而观指,则《春秋》之所恶者,不任德而任力,驱民而残贼之。其所好者,设而勿用,仁义以服之也。《诗》云:"'弛其文德,洽此四国。'此《春秋》之所善也。夫德不足以亲近,而文不足以来远,而断断以战伐为之者,此固《春秋》所甚疾已,皆非义也。"

难者曰:《春秋》之书战伐也,有恶有善也。恶诈击而善偏战,耻伐丧而荣复仇。奈何以《春秋》为无义战而尽恶之也?曰:凡《春秋》之记灾异也,虽亩有数茎,犹谓之无麦苗也。今天下之大,三百年之久,战攻侵伐不可胜数,而复仇者有二焉。是何以异于无麦苗之有数茎哉?不足以难之,故谓之无义战也。以无义战为不可,则无麦苗亦不可也;以无麦苗为可,则无义战亦可矣。若《春秋》之于偏战也,善其偏,不善其战,有以效其然也。《春秋》爱人,而战者杀人,君子奚说善杀

---

[1] 苏奥.春秋繁露义证·玉杯[M].北京:中华书局,1992.23—37.

其所爱哉？故《春秋》之于偏战也，犹其于诸夏也。引之鲁，则谓之外；引之夷狄，则谓之内。比之诈战，则谓之义；比之不战，则谓之不义。故盟不如不盟。然而有所谓善盟；战不如不战，然而有所谓善战。不义之中有义，义之中有不义。辞不能及，皆在于指，非精心达思者，其孰能知之。《诗》云："棠棣之华，偏其反而。岂不尔思？室是远而。"孔子曰："未之思也，夫何远之有！"由是观之。见其指者，不任其辞。不任其辞，然后可与适道矣。"

春秋记天下之得失，而见所以然之故。甚幽而明，无传而著，不可不察也。夫泰山之为大，弗察弗见，而况微渺者乎？故按春秋而适往事，穷其端而视其故，得志之君子，有喜之人，不可不慎也。齐顷公亲齐桓公之孙，国固广大而地势便利矣，又得霸主之余尊，而志加于诸侯。以此之故，难使会同，而易使骄奢。即位九年，未尝肯一与会同之事。有怒鲁卫之志，而不从诸侯于清丘、断道。春往伐鲁，入其北郊，顾返伐卫，败之新筑。当是时也，方乘胜而志广，大国往聘，慢而弗敬其使者。晋鲁俱怒，内悉其众，外得党与卫曹，四国相辅，大困之，获齐顷公，斫逢丑父。深本顷公之所以大辱身，几亡国，为天下笑，其端乃从慑鲁胜卫起。伐鲁，鲁不敢出，击卫，大败之，因得气而无敌国以兴患也。故曰，得志有喜，不可不戒。此其效也。自是之后，顷公恐惧，不听声乐，不饮酒食肉，内爱百姓，问疾吊丧，外敬诸侯。从会与盟，卒终其身，家国安宁。是福之本生于忧，而祸起于喜也。呜呼！物之所由然，其于人切近，可不省邪？[1]

董仲舒在教学内容上，重视传授儒家经典，尤其重视《春秋》经的传授，他本人就是传《春秋公羊》学的著名学者。董仲舒认为《春秋》乃圣人之书，文辞简约而蕴含大义，天下之大，事变之博，无所不包。考察其宗旨意向，《春秋》所痛恨的，是不用仁德而用暴力，驱使并残害人民；它所喜欢的，是设置武力，最好不用，而用仁义去感化人民。正如《诗经》所说："弛其文德，洽此四国"。

[1] 苏舆.春秋繁露义证·竹林[M].北京：中华书局，1992.46—59.

仁德不能亲睦身边的人，礼乐教化不能吸引远方的人，而专门用战争来达到目的，这是《春秋》所深恶痛绝的非正义的行为。"辞不能及，皆在于指，非精心达思者，其庸能知之！……由是观之，见其指者，不任其辞，不任其辞，然后可与适道矣。"《春秋》的词语所不能表达的意思，都蕴含在要旨中，不经过深思熟虑，没有办法理解它的真意！由此看来，领会了《春秋》的精神实质，就不必拘泥于它的言辞；不拘泥于它的言辞，这样才能通往正道。要从微言之中把握大义，需要学者精心思考，求得《春秋》的原则、大义，就可以作为推理的依据。此外，《春秋》记录天下的得失成败，并能显示其中的原因，它很隐晦，又很明确，不能仔细的观察。所以，董仲舒指出，根据《春秋》去全面了解历史往事，追溯它的初始而观看它的结局，得志的君子和有喜的人是不能不谨慎的。

　　《春秋》慎辞，谨于名伦等物者也。是故小夷言伐而不得言战，大夷言战而不得言获，中国言获而不得言执，各有辞也。有小夷避大夷而不得言战，大夷避中国而不得言获，中国避天子而不得言执，名伦弗予，嫌于相臣之辞也。是故大小不踰等，贵贱如其伦，义之正也。

　　……

　　古之人有言曰："不知来，视诸往。"今春秋之为学也，道往而明来者也。然而其辞体天之微，效难知也。弗能察，寂若无；能察之，无物不在。是故为《春秋》者，得一端而多连之，见一空而博贯之，则天下尽矣……[1]

　　董仲舒作为《春秋公羊学》的大师，董仲舒特别强调《春秋》的教育意义，对《春秋》作为教材的价值也申述得非常详细。他指出，《春秋》在写人记事，遣词造句上很是谨慎的，有严格的等级制度和原则性。但这些原则又各有其适用的场合，它们不是一成不变的，应具体问题具体分析。此外，他认为："今春秋

————————

[1] 苏舆.春秋繁露义证·精华[M].北京: 中华书局, 1992.85—97.

之为学也，道往而明来者也，然而其辞体天之微，效难知也，弗能察，寂若无，能察之，无物不在。是故为春秋者，得一端而多连之，见一空而博贯之，则天下尽矣。"突出肯定了《春秋》的价值。现在《春秋》的学问，就是借鉴过去而预见未来。然而它的言词包含上天的奥妙，所以难以知晓。若果不能看得出，它就空寂的像没有东西一样；能看得出，它就无所不有。因此研读《春秋》的人，明白一个道理就是要把它多方面联系起来，看到一个问题就把它广泛的连贯起来，加以推论，这样就尽知天下了。

（2）轻视自然知识

惟圣人能属万物于一而系之元也，终不及本所从来而承之，不能遂其功。是以《春秋》变一谓之元，元犹原也，其义以随天地终始也。故人唯有终始也而生，不必应四时之变，故元者为万物之本，而人之元在焉。安在乎？乃在乎天地之前。故人虽生天气及奉天气者，不得与天元本、天元命而共违其所为也。故春正月者，承天地之所为也，继天之所为而终之也，其道相与共功持业，安容言乃天地之元。天地之元奚为于此，恶施于人，大其贯承意之理矣。

能说鸟兽之类者，非圣人所欲说也。圣人所欲说，在于说仁义而理之，知其分科条别，贯所附，明其义之所审，勿使嫌疑，是乃圣人所贵而已矣。不然，传于众辞，观于众物，说不急之言而以惑后进者，君子之所甚恶也。奚以为哉？圣人思虑不厌，昼日继之以夜，然后万物察者，仁义矣。由此言之，尚自为得之哉。故曰：于乎！为人师者，可无慎邪！夫义出于经，经传，大本也。弃营劳心也，苦志尽情，头白齿落，尚不合自录也哉？

人始生有大命，是其体也。有变命存其间者，其政也。政不齐则人有忿怒之志，若将施危难之中，而时有随、遭者，神明之所接，绝属之符也。亦有变其间，使之不齐如此，不可不省之，省之则重政之本矣。

撮以为一,进义诛恶绝之本,而以其施,此与汤武同而有异。汤武用之治往故。《春秋》明得失,差贵贱,本之天。王之所失天下者,使诸侯得以大乱之,说而后引而反之。故曰博而明,而深切矣。[1]

董仲舒对自然科学知识的传授是轻视的,更谈不上对实用技术等的学习了,这一方面是受当时生产力和科学技术发展水平的限制,另一方面也与儒家的一贯学术传统有关。董仲舒并不提倡学习关于鸟兽草木等自然知识,认为"能说鸟兽之类者,非圣人之欲说也。圣人所欲说,在于说仁义而理之……不然,传(傅)于众辞,观于众物,说不急之言而惑后进者,君子之所甚恶也。奚以为哉?……故曰于乎!为一人师者,可无慎耶!"可见董仲舒所要求学习的只是圣人所说的仁义等内容,至于有关"众物"或鸟兽之类的自然知识,那是会迷惑后进的,不应当学习的。这和孔子所提倡的"多识鸟兽草木之名"的态度大相径庭。

2. 教学方法

(1)精通教技,注重实效

……是故善为师者,既美其道,有慎其行,齐时蚤晚,任多少,适疾徐,造而勿趋,稽而勿苦,省其所为,而成其所湛,故力不劳而身大成。此之谓圣化,吾取之。[2]

董仲舒这位有"汉代孔子"之美誉的著名的私学大师,对教授生徒寄予了深切的希望和充满了全部热忱。他把一生的大部分时间与精力都倾注到教育事业上,希望通过教育活动为汉王朝培养治国经邦的佐世之才。在多年从事教学实践活动的基础上,董仲舒从切身体会出发,强调做一位称职的教师必须懂得

---

[1] 苏奥.春秋繁露义证·重政[M].北京:中华书局,1992.147—150.
[2] 苏奥.春秋繁露义证·玉杯[M].北京:中华书局,1992.37—38.

教育规律,精通教学艺术,尤其应该重视教学的实际效应,以充分发挥教育的"圣化"之功。董仲舒在《春秋繁露·玉杯》中对教师应该具备的素质提出了全面要求,他说:"善为师者,既美其道,有慎其行,齐时蚤晚,任多少,适疾徐,造而勿趋,稽而勿苦,省其所为,而成其所湛,故力不劳而身大成。此之谓圣化,吾取之。"董仲舒所说的"圣化"之功,就是现代教育学所强调的教学艺术,其中包含教师必备的职业道德修养、教育理论修养和教育能力修养,是对教师必须具备的职业修养的综合要求。"既美其道,有慎其行"是要求教师必须德才兼备,为人师表,以身教胜言教,具有人格感化的魅力;"齐时蚤晚"是要求教师在教学过程中及时施教,抓住学生成长的关键时期因势利导,适时早教;"任多少,适疾徐"是要求教师教学要量力而行,循序渐进,充分考虑学生的接受能力安排教学内容,选择教学方法;"造而勿趋","稽而勿苦"强调的是教师的主导作用必须与学生学习的主动性、积极性相结合;"省其所为,而成其所湛"的意思是要求教师在了解学生的基础上,根据学生的兴趣和特长因材施教。董仲舒在教学过程中不孤立地阐述某一教学原则,而是注重多个教学原则、教学方法的灵活、综合的运用,这是符合教学过程的规律的,更是难能可贵的。

(2)多连博贯,约节反精

古之人有言曰:不知来,视诸往。今《春秋》之为学也,道往而明来者也。然而其辞体天之微,故难知也。弗能察,寂若无;能察之,无物不在。是故为春秋者,得一端而多连之,见一空而博贯之,则天下尽矣。鲁僖公以乱即位,而知亲任季子。季子无恙之时,内无臣下之乱,外无诸侯之患,行之二十年,国家安宁。季子卒之后,鲁不支邻国之患,直乞师楚耳。僖公之情非辄不肖而国衰益危者,何也?以无季子也。以鲁人之若是也,亦知他国之皆若是也。以他国之皆若是,亦知天下之皆若是也。此之谓连而贯之。故天下虽大,古今虽久,以是定矣。以所任贤,谓之主尊国安。所任非其人,谓之主卑国危。万世必然,无所疑也。其在《易》曰:"鼎折足,覆公𫗦。"夫鼎折足者,任非其人也。覆公𫗦者,国家倾也。是故任非其人而国家不倾者,自古至今未尝闻也。故吾按春秋而观成败,乃切悁悁于前世之兴亡也。任贤臣者,国家之兴也。夫知不足以知贤,无可奈何矣。知之不能任,大者以死亡,小者以乱危,其若是何邪?以庄公不知季子贤邪?安知病将死。召而授以国政。以殇公为不知孔父贤邪?安知孔父死,已必死,趋而救之。二主知皆足以知贤,而不决,不能任。故鲁庄以危,宋殇以弑。使庄公早用季子,而宋殇素任孔父,尚将兴邻国,岂直免弑哉。此吾所悁悁而悲者也。[1]

董仲舒是治《春秋公羊》学的著名学者,他总结自己治《春秋公羊》学的宝贵经验,提出了"多连博贯、约节反精"的学习方法论。他说:"为《春秋》者,得一端而多连之,见一空而博贯之,则天下尽矣。"所谓"多连"与"博贯"就是指读书时不要就事论事,画地为牢,而应开阔视野,拓宽思路,做到融会贯通,这对培养学生的逻辑思维能力是很有价值的见解。但"多连"、"博贯"必须反之于"一"。董仲舒认为,知识面过宽和过窄都不利于智力的发展。"太节则知陋,太博则业厌",意识是说,知识面太窄,则孤陋寡闻,智能低下,所学过于博杂而学业不精,没有专长,只有博节适宜,才能收到"学与智长,化与心成"的效果。他反复强调"《春秋》之道博而要,详而反,一也"。一再提醒学生不要陷入繁杂的具体史实中而忽略了《春秋》大义,充分体现了经学家偏重微言大义的特点。

(3)贱二贵一,虚静以求

天之常道,相反之物也,不得两起,故谓之一。一而不二者,天之行也。阴与阳,相反之物也,故或出或入,或左或右,春俱南,秋俱北,夏交于前,冬交于后,并行而不同路,交会而各代理,此其文与?天之道,有一出一入,一休一伏,其度一也,然而不同意。阳之出,常县于前而任岁事;阴之出,常县于后而守空虚。阳之休

[1] 苏舆.春秋繁露义证·精华[M].北京:中华书局,1992.96—98.

也，功已成于上而伏于下；阴之伏也，不得近义而远其处也。天之任阳不任阴，好德不好刑如是。故阳出而前，阴出而后，尊德而卑刑之心见矣。阳出而积于夏，任德以岁事也；阴出而积于冬，错刑于空处也。必以此察之。天无常于物，而一于时。时之所宜，而一为之。故开一塞一，起一废一，至毕时而止，终有复始于一。一者，一也。是于天凡在阴位者皆恶乱善，不得主名，天之道也。故常一而不灭，天之道。

事无大小，物无难易。反天之道，无成者。是以目不能二视，耳不能二听，手不能二事。一手画方，一手画圆，莫能成。人为小易之物，而终不能成，反天之不可行如是。是故古之人物而书文，心止于一中者，谓之忠；持二中者，谓之患。患，人之中不一者也。不一者，故患之所由生也。是故君子贱二而贵一。人孰无善？善不一，故不足以立身。治孰无常？常不一，故不足以致功。《诗》云："上帝临汝，无二尔心。"知天道者之言也。[1]

董仲舒认为，无论是学习时的心境，还是平时的志向，都不能心猿意马，应该专一。这是受天赋能力的限制所决定的，"目不能二视，耳不能二听，手不能二事"。只有心智专一，才能保持高度的学习和工作效率。

所谓"贱二贵一"，指的是学习的时候必须专心致志，注意力集中。董仲舒在《春秋繁露》中指出："目不能二视，耳不能二听，手不能二事。一手画方，一手画圆，莫能成……故君子贱二而贵一。"强调学习必须精力集中，不能一心二用，这是符合现代心理学关于注意问题的基本规律的。

气之清者为精，人之清者为贤。治身者以积精为宝，治国者以积贤为道。身以心为本，国以君为主。精积于其本，则血气相承受；贤积于其主，则上下相制使。血气相承受，则形体无所苦；上下相制使，则百官各得其所。形体无所苦，然后身可得而安也；百官各得其所，然后国可得而守也。夫欲致精者，必虚静其形；欲致贤

[1] 苏舆.春秋繁露义证·天道无二[M].北京:中华书局,1992.345—347.

者, 必卑谦其身。形静志虚者, 精气之所趣也; 谦尊自卑者, 仁贤之所事也。故治身者务执虚静以致精, 治国者务尽卑谦以致贤。能致精则合明而寿, 能致贤则德泽洽而国太平。[1]

董仲舒认为学习应该遵循的原则就是"虚敬以求", 意思就是学者治学应真实地体会经书的意旨和所学事物的实际情况, 不可主观臆断。要专心致志、虚敬以求、精力集中研究学习。

所谓"虚敬以求"是指学者治学必须实事求是, 客观公正, 真实地体会经书的意旨和所学事物的实际情况, 不可过于主观, 不能先入为主, 用自己的意思去体会圣人之言, 去误解所要研习的对象。董仲舒指出: "夫欲致精者必虚静其形, 欲致贤者必卑谦其身。形静志虚者, 精气之所趣也; 谦尊自卑者, 仁贤之所事也。故治身者务执虚静以致精, 治国者务尽卑谦以致贤。能致精则合明而寿, 能致贤则德泽洽而国太平。"

3. 考试方法

考绩之法。考其所积也。天道积聚众精以为光, 圣人积聚众善以为功。故日月之明, 非一精之光也; 圣人致太平, 非一善之功也。明所从生, 不可为源, 善所从出, 不可为端, 量势立权, 因事制义。故圣人之为天下兴利也, 其犹春气之生草也, 各因其生小大而量其多少, 其为天下除害也, 若川渎之写于海也, 各顺其势, 倾侧而制于南北。故异孔而同归, 殊施而钧德, 其趣于兴利除害一也。是以兴利之要在于致之, 不在于多少; 除害之要在于去之, 不在于南北。

考绩绌陟, 计事除废, 有益者谓之公, 无益者谓之烦。挈名责实, 不得虚言, 有功者赏, 有罪者罚, 功盛者赏显, 罪多者罚重。不能致功, 虽有贤名, 不予之赏; 官职不废, 虽有愚名, 不予之罚。赏罚用于实, 不用于名, 贤愚在于质, 不在于文。故是非

---

[1] 苏舆.春秋繁露义证·通国身[M].北京: 中华书局, 1992.182—183.

不能混,喜怒不能倾,奸轨不能弄,万物各得其冥,则百官劝职,争进其功。

考试之法,大者缓,小者急,贵者舒而贱者促。诸侯月试其国,州伯时试其部,四试而一考。天子岁试天下,三试而一考,前后三考而绌陟,命之曰计。

考试之法,合其爵禄,并其秩,积其日,陈其实,计功量罪,以多除少,以名定实,先内弟之。其先比二三分以为上中下,以考进退,然后外集。通名曰进退,增减多少,有率为弟。九分三三列之,亦有上中下,以一为最,五为中,九为殿。有余归之于中,中而上者有得,中而下者有负。得少者以一益之,至于四,负多者以四减之,至于一,皆逆行。三四十二而成于计,得满计者绌陟之。次次每计,各逐其弟,以通来数。初次再计,次次四计,各不失故弟,而亦满计绌陟之。

初次再计,谓上弟二也。次次四计,谓上弟三也。九年为一弟,二得九,并去其六,为置三弟,六六得等,为置二,并中者得三尽去之,并三三计得六,并得一计得六,此为四计也。绌者亦然。[1]

董仲舒在中国教育史上第一次将"考"与"试"并用,创造了"考试"这个概念。董仲舒不仅创造了"考试"的概念,同时也阐述了相应的考试方法,即"考试之法",指考核各级官员政绩的方法。

董仲舒在《考功名》中讲到:"考试之法,合其爵禄,并其秩,积其日,陈其实,计功量罪,以多除少,以名定实,先内第之。"在这里,董仲舒所指的考试主要是指对官员的考核。官员所作所为对社会有益的称为"公",对社会有害的称之为"烦"。应根据各级官吏实际工作成绩来考核其优劣,而不是片面地强调官员的社会地位和夸夸其谈的文辞。有功者予以提拔,无功者贬黜。考绩之法公正施行,各级官员就会相互劝勉,"争进其功"。

然后他详细制定了计分方法。"其先三分以为上中下,以考进退,然后外集。通名曰进退,增减多少,有率为弟。九分三三列之,亦有上中下。以一为

[1] 苏舆.春秋繁露义证·考功名[M].北京:中华书局,1992.177–182.

最，五为中，九为殿。有余归之于中，中而上者有得，中而下者有负。得少者以一益之，至于四，负多者以四减之，至于一，皆逆行。三四十二而成于计，得满计者绌陟之。次次每计，各逐其弟，以通来数，初次再计，次次四计，各不失故弟，而亦满计绌陟之。"通过这样的考试方式，可以逐级管理官员的升级递进。

总之，董仲舒这位著名的私学大师从个人的治学经验和教学实际经验出发，继承了先秦以来的教学思想，形成了自己的教学思想，其中的很多观点见解都是很有价值的。

王充教育名著导读

一 王充其人

(一) 生平及其所处的时代

王充是东汉杰出的唯物主义思想家和教育家。他针对汉儒迷信、尊天等弊端,以"疾虚妄"的批判精神,驳难西汉以来盛行的阴阳灾异和尚古崇圣的不良学风。他独树一帜的创新精神和不同流合污的叛逆态度受到执政者和正统儒学的排斥及非难,其思想学说也被斥为"异端邪说",受到批判,以致于《论衡》在其谢世后百余年才流行于世。但王充刚直不阿的崇高人格,不苟同、不随俗的治学态度,坚持真理不动摇的科学精神,"得官不欣,失位不恨。处逸乐而欲不放,居贫苦而志不倦"的高尚志节,受到人们普遍的尊敬和爱戴,在中国历史上产生了深远影响。[1]

王充(27—约97年)字仲任,东汉会稽上虞(今浙江上虞县)人,生于汉光武帝建武三年(公元27年),汉和帝永元中(公元89-104年),大约70岁左右病卒于家。王充祖上曾因从军有功,封会稽阳亭,但时间不久。后来他的先世以农桑为业,他的祖父王汛,父亲王诵以贾贩为事,因与豪家丁伯结怨迁居上虞,所以,他自称出身于"孤门细族",接近一般人民群众生活,属于下层社会,被人讥讽为"宗祖无淑懿之基,文墨无篇籍之遗"[2]。王充6岁开始识字,8岁入书馆学习。后离开书馆,学习《论语》、《尚书》。后来又进入太学学习。他不满于太

[1] 王凌皓.中国教育史论 [M].长春:吉林人民出版社,2000.141。
[2] 王充著,张宗祥校注.论衡校注·自纪[M].上海:上海古籍出版社,2010.584.

学学风，厌弃章句之学，不肯严守师法家法。在京师，他曾拜班彪为师。因为家庭贫困无钱购书，他常到洛阳书肆里读书，记忆力特强，过目成诵，因此，博通了"众流百家之言"。离开太学后，王充曾两次出任过小官，都因为人耿直，且不愿趋炎附势、同流合污，结果辞职还家，一边教书，一边研究学问，他的大部分著作于此时开始写作。60岁时曾被扬州刺史董勤辟为从事，后转治中，63岁即辞官归家，著书、教授终生。王充一生仕路隔绝，不得通显，他自述对仕宦淡漠，说：不贪富贵，不慕高官，贬黜抑屈，不恚下位。他抱着"世能知善，虽贱犹显；不能别白，虽尊犹辱"的心情看待世俗人情，立定以"忧德之不丰，不患爵之不尊；耻名之不白，不恶位之不迁"的高尚情操立身处世，宁可过处卑、位贱的生活，也不趋炎附势，所以，晚年发白齿落，日月逾迈，寿伦弥索，鲜所恃赖，贫无供养，志不娱快，"贫无一亩庇身，贱无斗石之秩"，不仅物质生活极端贫困，而且精神也受到极大压抑。他罢官归家以后，一面招收生徒教学授业，一面研究学问专心著述。

王充生活在东汉前期，历光武帝、明帝、章帝、和帝四朝。这一时期，豪族门阀把持了东汉社会的政治、经济、文化大权，在思想上则以谶纬儒学作为统治工具。他们全盘继承了从汉武帝以来，以董仲舒为代表的西汉官方神学思想体系和西汉后期大肆泛滥的谶纬迷信。光武帝刘秀"尤信谶言"[1]，他以谶言"刘秀发兵捕不道，卯金修德为天子"[2]宣布做皇帝，并提倡以图谶来决疑。光武末年，初起灵台、明堂、辟雍，又宣布图谶于天下。凡"名应图箓"者，都可以高官厚禄。明、章二帝继之大力提倡，遂使谶纬之书遍布天下。当时流行的谶纬书有《河图》、《洛书》、《七经纬》、《钩命决》、《是类谋》、《元命苞》、《文耀钩》、《考异邮》等等，五花八门，无奇不有，而且都称是"自黄帝至周文王所授本文"，是自初起到孔子九位圣人推演出来的。建初四年（公元79年），汉章帝刘

<hr>

[1] ［南朝宋］范晔.后汉书·方术列传（第七十二上）[M].北京：中华书局，2007.792.
[2] ［南朝宋］范晔.后汉书·光武帝纪（第一上）[M].北京：中华书局，2007.6.

炬在洛阳主持召开了由"太常、将、大夫、博士、议郎、郎官及诸生、诸儒"参加的白虎观会议,讨论五经异同,对谶纬迷信和儒家经书的合流,做了全面总结。现在传世的《白虎通义》(又名《白虎通德论》)就是这次会议辩论的结果。它是董仲舒以来今文经学派唯心主义和神秘主义哲学思想的延伸和扩展,是对东汉前期封建专制主义思想的集中论述,也是集汉代儒学之大成的官方法典。与此同时,一些代表地主阶级中下层利益的知识分子则与之采取了针锋相对的态度。桓谭首先向光武帝刘秀提出治国应"以仁义正道为本",反对以"奇怪虚诞"治世的主张。由于他极言"谶之非经",被刘秀斥为"非圣无法",险些被斩首。继而王充也以"悟迷惑之心,使知虚实之分"为己任,凡认为是虚妄的东西都一一进行批判。

(二)王充的思想体系

王充是一位战斗的无神论者和唯物主义思想家。他发挥道家"天道自然"的观点,主张"气"一元论。他认为世界只是"气"的组成,由于"气"本身的运动而产生万物,根本没有天的意志的存在;所谓"灾异"只是"气"变化的结果,与人事无关;精神与形体不可分,没有独立存在的灵魂。他肯定社会在不断进步,反对复古主义。在经学上,他属于古文经学派,反对今文学派的守章句重谶纬,但他又超越了古文经学派,能够根据客观事实,对经典和世书俗说记载中的种种矛盾、错误、虚伪和迷信给予有力的驳斥。

天命观原本是秦以来神学体系的核心,经董仲舒发挥以后,"命"的问题纬书定为三科(即受命、遭命、随命),被正式列入《白虎通义》的神学法典(见《白虎通义·寿命》)。王充既然否定有意志的天和天人感应论,当然也否定命有三科的神秘主义。他的观点是与神学观念对立且否定报应论的,虽受时代条件和他自身条件的限制，但他却提出了一种新的命定论。他认为，人性善恶与命之吉凶是两个不同的命题，不能混为一谈。他把人的禀命分为"寿命"和"禄命"两种，认为人寿命的长短决定于禀气的厚薄，积善行德并不会延长寿命。在谈禄命问题时，他提到许多社会因素都会对人的禄命发生作用。但王充对决定禄命的种种社会因素又找不到合理的解释，最后仍归之于"禀命"，即一切都是命中注定的。王充的命定论没有退到神学的天命论中去，而是一种自然必然论，即自然命定论。王充认为自然界皆受自然的必然性的支配，同时，这个必然性也决定着人类的吉凶福祸与富贵贫贱。他否定了超自然的力量，但又把自然本身神秘化。他盲目崇拜自然的必然性，进而把这种必然性运用到社会领域，排除了人的任何主观能动作用，完全听任一种必然的安排。他虽然反对神学宣扬的天意决定一切，但他以自然的必然性代替了天意。这种自然命定论，不可避免地陷入神秘的宿命论，教人幽居俟时，坐待命运的安排。这比荀子的自然观后退了一步，也是王充无神论的最大局限。

王充继承了前人的唯物主义观点，探讨了物质世界的本原。在宇宙观上，他认为"元气"是天地万物的原始物质基础，确立了唯物主义"气"的一元论。王充认为，气充满了宇宙，是没有具体形体的物质元素，万物皆由这个物质的气构成。而万物的差异，都是由于禀气的不同，即"因气而生，种类相产"[1]。气是无知无欲的，构成万物是自然而然的，"天地合气，万物自生"[2]。气的一元论和万物自然生成说，是王充唯物主义自然观的核心。这个自然观，是对神创论和目的论的否定，也是王充反神学的理论基础。

王充同从西汉董仲舒到东汉班固《白虎通义》的神学体系斗争的焦点，是天是物质的还有意志的问题。王充认为，"夫天者，体也，与地同"[3]。他明确指

---

[1] 王充著，张宗祥校注.论衡校注·物势[M].上海：上海古籍出版社，2010.70.
[2] 王充著，张宗祥校注.论衡校注·自然[M].上海：上海古籍出版社，2010.364.
[3] 王充著，张宗祥校注.论衡校注·祀义[M].上海：上海古籍出版社，2010.504.

出天与地同是一体,从气的本原论论证了天的物质性。既然还天地自然以本来的面目,根绝了天的神秘性,就与《白虎通义》划清了把气当作神秘精神的界限,也就否定了天地"故生人"、"故生物"的神学目的论。王充认为,自然界万物生长变化是万物本身自然而然的"物自化"、"物自成",没有一个神秘的天在有意识地安排、主宰。他对神学编造的"君权神授"、"天人感应"与"谴告说"一一进行了批判。王充还提出了"末世衰微,上下相非,灾异时至,则造谴告之言矣"[1]的观点,这接触到了神学的社会根源,是很可贵的。王充的自然天道观,从哲学上来说是进步的,从当时的科学水平来说则是落后的,但王充不是科学家,所以就不能苛求于他了。

王充又从生活常识、事实效验、自然知识、逻辑推论及形神关系等方面论证了世间无鬼,并否定了鬼能祸福于人。有些论证虽然简单朴素,但颇生动而又具有说服力。王充虽然对鬼神迷信做了全面、细致的分析批判,并从理论上给予无神论的解释,但因受时代的局限,还远不能对颠倒的观念给予科学的说明,因而存在着不少的漏洞。如他虽然否定了人死后精神(灵魂)脱离形体而存在的鬼,却又承认有一种实实在在的鬼,即妖。如他在《论死篇》中说:"人死精神升天,骸骨归土,故谓之鬼。"这就与人死神灭的命题相矛盾了。不过王充没有由此而倒向承认有超物质的鬼神存在。因王充思想上的这种局限,他当然不能科学地解释形神关系,更不能彻底摧毁有鬼论的理论基础。所以他主观上想彻底打鬼,结果往往又被鬼缠身。

两汉时代,是一个灾异符瑞盛行的迷信时代。王充以唯物主义自然观否定了天与鬼神,使迷信失去了存在的依据。他又进一步把一切迷信(巫术、卜筮、术数、忌讳等)包括在"疾虚妄"之内一一加以批驳。王充还触及了这些迷信禁忌的社会根源。他说"衰世好信鬼,愚人好求福"。他指的"愚人",不只是一般

---

[1]　王充著,张宗祥校注.论衡校注·自然[M].上海:上海古籍出版社,2010.370.

群众百姓，还包括那些奉祀鬼神的官吏、君王。各种迷信职业家正是在这种社会条件下从事骗人活动的，王充无情地揭露了他们的丑恶嘴脸。王充对世俗迷信的批判是全面的，他所用以批判的观点和方法虽然较为朴素，但却有相当的说服力。

可以看出，王充以唯物主义的自然观和自然科学知识为基础，集前人无神论思想之大成，以元气自然论论证万物生化，否定了董仲舒以来的神学目的论，并确定了古代无神论的理论体系。王充建立的无神论理论体系，要从与神学体系相对立的角度来说明。有神论的发展及其核心内容，是从灵魂不灭发展到有神观念，进而产生出对最高人格神——上帝（天）的崇拜，由此又派生出神秘的目的论以及各种宗教和世俗迷信的形式，从而形成神学体系。王充则是对神学体系的基础及其核心内容与表现形式的全面批判，并在批判中建立了无神论的理论基础——唯物主义"气"的一元论和万物自然生化论。他论证了天是自然的天，人与天的关系是人与自然的关系，天道（自然之道）无为，不能干预人事，从而否定了谴告说与天人感应论；他又从形神关系上论证了人死神灭无鬼，对鬼神给予理论的否定。基于上述论点，他对由崇拜人格神派生出来的神秘主义及世俗迷信，原原本本地逐一加以驳斥。他对神学理论核心的批判完整而系统，对表现形式的批判也是很全面的。王充的社会历史观是从属于他的自然观的，较集中地表现了他的自然观中的消极因素。他反对颂古非今，并提出了今胜于古的论点，他也看到了社会物质文化方面的进化，有历史进化论的因素。但是他又以今况古，把古今等同起来，这就陷入了形而上学。王充否定五德终始说的历史循环论，但是他又提出了三教循环论，其中虽有针砭秦汉社会文薄的积极因素，但同样是一种历史循环论。王充认为，世之治乱系于天时，这也是一种自然命定论，但他又认为自然灾害是"德衰政失"造成的，对自然灾害要积极治理，靠祭祀祈祷不能消除灾害。王充提出的治国之道，也是一种平庸之见，没有什么独到之处。王充一再用符瑞宣扬汉德，他讲符瑞没有什么种源，其中包涵着反对血统论的积极因素，但符瑞本身原是无稽之谈，所谓符瑞不过是为封建统治装点门面、粉饰太平而已。

王充的唯物主义认识论，主要集中表现在《实知篇》和《知实篇》中，而其精神则渗透在有关圣贤、书传、人才等篇目的论述之中。王充对孔子和圣人大胆地做了如实的评价。他既推崇圣人学识渊博，道德高尚，又反对盲目迷信圣人，认为圣人也有缺点。汉儒在神化圣人的同时也神化了经艺，他们宣称圣人是万世师表，而圣人创作或审定的经艺则万世不移。汉武帝罢黜百家，独尊儒术，儒学被抬到了至高无上的地位，于是以董仲舒为代表的儒学体系应运而生，至东汉则发展为谶纬儒学。王充正本清源，从秦始皇焚书坑儒谈到汉代经艺的发展过程，对经艺重新估价，进行解说，剥去汉儒给经艺披上的神秘外衣。

王充根据亲身的体验，论述了他识别人才的观点。他提出如何区别佞人与贤人，揭穿了佞人阴阳两面的丑恶灵魂。他把文吏和儒生进行对比，序儒生于文吏之上，对东汉豪强把持仕途和官场的腐败现象做了无情的揭露。他从儒生中又筛选出通人，将通人区分为文人和鸿儒。他认为司马迁、班彪父子等属于文人，而鸿儒则更高一筹，他们不仅博古通今，而且能论说世事，明辨然否，可谓超等奇才，他在《状留篇》中不仅抒发了自己不得仕进的愤懑心情，而且揭露了当时官场中的黑暗和反常现象。王充的这些观点有一定的积极意义和现实意义，我们可以分析地批判，取其义而用之。

二 《论衡》简介

（一）《论衡》之成书

王充一生著有《政务》、《讥俗》、《论衡》、《养性》等书，今存《论衡》85篇（《后汉书》记载，《论衡》共八十五篇，但内《招致》一篇有录无文），其余均已亡佚。《论衡》是王充用毕生精力撰写的一部哲学著作，是他一生反封建神学斗争的结晶。据《自纪》说："论衡者，论之平也。"[1] "是故《论衡》之造也，起众书并失实，虚妄之言胜真美也。故虚妄之语不黜，则华文不见息；华文放流，则实事不见用。故《论衡》者，所以铨轻重之言，立真伪之平，非苟调文饰辞，为奇伟之观也。"[2] 其书东汉时不传，三国魏王朗得之，始为传播。封建学者向来未予重视。至清始有俞樾、孙诒让等依宋、明刻本校勘。近有黄晖著《论衡校释》、刘盼遂著《论衡集解》。

东汉时期的学术思想领域正是俗儒守文失真，方士仙士惑众，阴阳五行灾异谶纬之说猖獗的时代。王充目睹紫朱杂厕，瓦玉集糅，论说纷纭，莫之所宗，听者以为真然，说者不舍，览者以为实事，传者不绝，甚至南面称师，也诵读宣扬奸伪邪说的状况，他企图使人们冀悟迷惑之心，使知虚实之分。于是以心愤涌、以学传情，抱着能警醒世人的心情作《论衡》，以铨轻重之言，立真伪之平，批驳虚妄伪说。范晔称他的著作能"释物类同异，正时俗嫌疑"[3]。纪晓岚称

[1] 王充著，张宗祥校注.论衡校注·自纪[M].上海：上海古籍出版社，2010.579.
[2] 王充著，张宗祥校注.论衡校注·对作[M].上海：上海古籍出版社，2010.569.
[3] [南朝宋]范晔.后汉书·王充传[M].北京：中华书局，2007.479.

王充的思想"殊有裨于风教",近人钱穆说他是开魏晋新思想之先河。王充出身于孤门细族,先人以农桑、贾贩为业。王充一生,绝大多数时间在教书、思考、写作中度过,生活始终清贫。到了晚年,处境依然,处境很是潦倒。

从王充的《自纪篇》来看,他罢官归乡以后,以世书俗说、考论虚实的精神著书立说,希望将自己的思想留给后人,以垂教后世。他说:"充仕数不耦,而徒著书自纪",又说:"既晚无还,垂书示后"[1]。所以他的著作都是针对当时社会上和思想界的现实问题而写的,充满了新鲜明朗的批判精神。王充讥恶那种升擢在位之时,众人蚁附,废退穷居,故旧叛去的庸俗世风人情,撰《讥俗》一书;他忧患人君治民之道,不得其宜,为郡国守相县邑令长陈通政事,作《政务》一书;痛感俗书伪文多不真实,于是作《论衡》一书。晚年生活贫困,精神孤寂,年老体弱,作《养性》书十六篇,在著述中结束了一生。

在《论衡》这部著作中,王充也谈到教育问题。同时,王充依据自然科学理论,吸收道家无为自化和荀况的"天行有常,不为尧存,不为桀亡"的思想,建立起唯物主义的世界观和哲学体系。

王充在哲学的根本问题上继承了中国古代唯物主义传统。他认为,天地是物质性的,宇宙的运动变化和万物的生成是自然现象。他曾说:"夫天者,体也,与地同。"[2]又说:"天覆于上,地偃于下,下气蒸上,上气降下,万物自生其中间矣。"由此可以很清楚地看出,王充把天当作自然物,认为不是人格化的,而是有意志的,有无上权力的神。所以他说:"春观万物之生,秋观其成,天地为之乎?物自然也。如谓天地为之,为之宜用手,天地安得万万千千手,并为万万千千物乎?"[3]他以造物须用手,天没有手不可能创造各物为理由,通俗地证明天是自然物而不是神。他以"日月行有常度",即天体的运行有其自身的规

──────────
[1] 王充著,张宗祥校注.论衡校注·自纪[M].上海:上海古籍出版社,2010.585.
[2] 王充著,张宗祥校注.论衡校注·祀义[M].上海:上海古籍出版社,2010.504.
[3] 王充著,张宗祥校注.论衡校注·自然[M].上海:上海古籍出版社,2010.367.

律, 是一种自然过程, 否定了天是有目的、有意志, 可以降福佑善, 下祸惩恶, 谴告人事等 "天人感应" 的谬论。他又以鱼生水中, 兽在山林来证明物各有其自然本性, 所以得出结论: "夫天地不能为, 亦不能知也。" [1] 那么, 为什么会出现灾变呢? 他说, 这乃是运行规律的失调, 而非意识性的感应, 就好像人生病一样, "血脉不调, 人生疾病, 风气不和, 岁生灾异" [2]。

他针对人死变鬼, 可以祸害生人的谬论, 指出, 人之生是由于夫妇合气, 是自然现象。同样, 人死气灭, 也是自然现象, 怎能变鬼? 他解释说: "鬼者, 归也; 神者, 荒忽无形者也。" [3] 人死精神消失, 骸骨归土, 消亡无形, 从医学生理学角度论证了人的生与死乃是普通的自然现象。

王充还进一步从精神与肉体的关系, 阐述了形神关系, 有力地驳斥了鬼神的存在, 坚持了唯物主义原则。但是, 王充的唯物主义的自然观和无神论的思想, 是朴素的直观的, 他不可能对于自然现象和人类社会有本质的认识, 因而有些解释缺乏说服力和科学性。

(二)《论衡》之篇章结构

《论衡》85篇共分为30卷。卷1:《逢遇篇》、《累害篇》、《命禄篇》、《气寿篇》; 卷2:《幸遇篇》、《命义篇》、《无形篇》、《率性篇》、《吉验篇》; 卷3:《偶会篇》、《骨相篇》、《初禀篇》、《本性篇》、《物势篇》、《怪奇篇》; 卷4:《书虚篇》、《变虚篇》; 卷5:《异虚篇》、《感虚篇》; 卷6:《福虚篇》、《祸虚篇》、《龙虚篇》、《雷虚篇》; 卷7:《道虚篇》、《语增篇》; 卷8:《儒增篇》、《艺增篇》; 卷9:《问孔篇》; 卷10:《非韩篇》、《刺孟篇》; 卷11:《谈天篇》、

---

[1] 王充著, 张宗祥校注.论衡校注·自然[M].上海: 上海古籍出版社, 2010.370.
[2] 王充著, 张宗祥校注.论衡校注·谴告[M].上海: 上海古籍出版社, 2010.294.
[3] 王充著, 张宗祥校注.论衡校注·论死[M].上海: 上海古籍出版社, 2010.414.

《说日篇》、《答佞篇》；卷12：《程材篇》、《量知篇》、《谢短篇》；卷13：《效力篇》、《别通篇》、《超奇篇》； 卷14：《状留篇》、《寒温篇》、《谴告篇》；卷15：《变动篇》、《招致篇》（佚）、《明雩篇》、《顺鼓篇》；卷16：《乱龙篇》、《遭虎篇》、《商虫篇》、《讲瑞篇》；卷17：《指瑞篇》、《是应篇》、《治期篇》；卷18：《自然篇》、《感类篇》、《齐世篇》；卷19：《宣汉篇》、《恢国篇》、《验符篇》；卷20：《须颂篇》、《佚文篇》、《论死篇》；卷21：《死伪篇》；卷22：《纪妖篇》、《订鬼篇》；卷23：《言毒篇》、《薄葬篇》、《四讳篇》、《䛅时篇》；卷24：《讥日篇》、《卜筮篇》、《辨祟篇》、《难岁篇》；卷25：《诘术篇》、《解除篇》、《祀义篇》、《祭意篇》；卷26：《实知篇》、《知实篇》； 卷27：《定贤篇》；卷28：《正说篇》、《书解篇》；卷29：《案书篇》、《对作篇》；卷30：《自纪篇》。

如果把现存《论衡》八十五篇大体归类，其基本内容有如下方面：

其一，从不同的角度论述性命问题的有十四篇文章。其中，《物势篇》是性命说所依据的理论；《本性篇》与《率性篇》主要说性；《初禀篇》、《无形篇》、《偶会篇》、《命禄篇》、《气寿篇》、《命义篇》、《逢遇篇》、《累害篇》、《幸遇篇》、《吉验篇》主要说命；《骨相篇》说性和命在骨体上的表征。

其二，论述天人关系的有二十一篇文章。其中，《自然篇》是天人关系说所依据的理论，表述了王充的自然主义天道观。《寒温篇》、《谴告篇》、《变动篇》、《招致篇》（佚文）、《感类篇》是评论当时儒家阴阳灾异、天人感应诸说违背了天道自然之义；《明雩篇》、《顺鼓篇》、《乱龙篇》、《遭虎篇》、《商虫篇》是论述当时的灾异变动的；《治期篇》、《齐世篇》、《讲瑞篇》、《指瑞篇》、《是应篇》、《宣汉篇》、《恢国篇》、《验符篇》、《须颂篇》、《佚文篇》是论述当时各种瑞应的，即帝王修德，则时世清平，天就降祥瑞以应之。

其三，论人鬼关系及当时禁忌的有十六篇文章，全部贯穿了王充的无神论精神。其中,《论死篇》、《死伪篇》、《纪妖篇》、《订鬼篇》、《言毒篇》、《薄葬篇》、《祀义篇》、《祭意篇》主要论述的是人鬼关系,反复阐明人死无知,不能为鬼,不能致人祸福,因而提倡薄葬;《四讳篇》、《䜋时篇》、《讥日篇》、《卜筮篇》、《辨祟篇》、《难岁篇》、《诘术篇》、《解除篇》论述的是当时的各种禁忌,说明"吉凶祸福,皆遭适偶然",所以不应相信一切禁忌。

其四,评论书传中的天人感应说及虚妄之言的有二十四篇文章,充分表现了王充朴素的唯物主义认识论和实事求是的精神。其中,《变虚篇》、《异虚篇》、《感虚篇》、《福虚篇》、《祸虚篇》、《龙虚篇》、《雷虚篇》主要是评论书传中的天人感应说;《奇怪篇》、《书虚篇》、《道虚篇》、《语增篇》、《儒增篇》、《艺增篇》、《问孔篇》、《非韩篇》、《刺孟篇》、《谈天篇》、《说日篇》、《实知篇》、《知实篇》、《定贤篇》、《正说篇》、《书解篇》、《案书篇》主要是评论书传中的虚妄之言。

其五,论述区分贤佞才智和用人制度的有八篇,分别是《答佞篇》、《程材篇》、《量知篇》、《谢短篇》、《效力篇》、《别通篇》、《超奇篇》、《状留篇》。

其六,可以当作自序和自传的有《对作篇》和《自纪篇》两篇文章。

以上仅仅是很粗略的分类,不一定很合理,但要过细区分,既不可能,也没有必要。

(三)《论衡》之版本流传

现存《论衡》有八十五篇(《招致篇》为存目佚文),与《后汉书·王充传》的说法吻合。但王充在《自纪篇》中却说"吾书百篇","吾书亦才出百",可能《论衡》原有百篇以上,到范晔写《后汉书》时仅可见到八十五篇了。王充死后,《论衡》最初由蔡邕、王朗二人传世,以后辗转流传,篇目有所遗失是完全有可能的。

《论衡》见于著录较晚,《隋书·经籍志·杂家》著录"《论衡》,二十九卷",《旧唐书·经籍志·杂家》著录"《论衡》,三十卷"。二者相差一卷,可能是从二十九卷中分出《自纪篇》单为一卷的缘故。自此以后,见于著录的《论衡》多为三十卷。《论衡》在宋代以前无定本。北宋庆历五年(公元1045 年),进士杨文昌用当时流行的俗本二十七卷与史馆本三十卷对校,"改正涂注一万一千二百五十七字"作序刊印,称为善本。百余年后,南宋孝宗乾道三年(公元1167 年),会稽太守洪适又据杨刻本复加校订重刻。这两种宋版《论衡》目前仅存残卷。

现在收藏于北京图书馆的宋本《论衡》,经元、明两代不断修补,是今存最早刊印的全本。另有《新刊王充论衡》十五卷本八册(旧称"元小字本"),是明朝初年坊间据宋乾道三年本刻印的,这两种刻本均未流行于世。流行较广的是明嘉靖十四年(公元1535 年)吴郡苏献可刻印的"通津草堂"本《论衡》(《累害篇》缺一页四百字)。以后的版本很多,都是根据这个本子刻印的,只是有些刻本据宋本补足了缺页。

(四)《论衡》之历史评价

东汉时代,儒家思想在意识形态领域里占支配地位,但与春秋战国时期所不同的是儒家学说打上了神秘主义的色彩,掺进了谶纬学说,使儒学变成了"儒术"。而其集大成者并作为"国宪"和经典的是皇帝钦定的《白虎通义》。王充写作《论衡》一书,就是针对这种儒术和神秘主义的谶纬说进行批判。《论衡》细说微论,解释世俗之疑,辨明是非之理,即以"实"为根据,疾虚妄之言。"衡"字本义是天平,《论衡》就是评定当时言论的价值的天平。它的目的是"冀悟迷惑之心，使知虚实之分"[1]。因此，它是古代一部不朽的唯物主义的哲学文献。

正因为《论衡》一书"诋訾孔子"，"厚辱其先"，反叛于汉代的儒家正统思想，故遭到当时以及后来的历代封建统治阶级的冷遇、攻击和禁锢，将它视之为"异书"。

汉儒思想体系是董仲舒提出的唯心主义哲学思想，其核心是"天人感应"说，由此生发出对其他一切事物的神秘主义的解释和看法。"天人感应"的要旨就是"天帝"有意识地创造了人，并为人生了"五谷万物"；有意识地生下帝王来统治万民，并立下统治的"秩序"。

《论衡》共八十五篇，是王充用了三十年心血才完成的，被称为奇书。公元189年蔡邕来到浙江，看到《论衡》一书如获至宝，密藏而归。蔡邕的友人发现他自浙江回来以后，学问突有大进，猜想他可能得了奇书，便去寻找。果然在他帐间隐蔽处发现了《论衡》一书，便抢了几卷就走。蔡邕急忙叮嘱："此书只能你我共读，千万不要外传。"友人读后亦称"真乃奇书也"。

---

[1] 王充著，张宗祥校注.论衡校注·对作[M].上海：上海古籍出版社，2010.570.

三 《论衡》教育章句导读

在《论衡》这部著作中，王充也谈到教育问题。如环境与教育在人的培养中的作用；反对生而知之，主张学而后知的学习论；反对呆读死记，重视实际锻炼的学习方法；反对复古，重视现实的教育内容；反对"信师是古"，提倡问难探索的学风等等，这些对以后唯物主义教育思想的发展都有一定影响。王充依据自然科学理论，吸收道家无为自化和荀况的"天行有常，不为尧存，不为桀亡"的思想，建立起唯物主义的世界观和哲学体系。

（一）论人性与教育、环境的关系

王充认为，人性具有差异性和可变性。他说："论人之性，定有善有恶"，"人之性，善可变为恶，恶可变为善"。人性的差异并非天意，而是自然因素影响而成的。他认为生来就善或恶的人很少，绝大多数是中人，中人之性则可以通过教育使之定型。他说："夫中人之性，在所习焉。习善而为善，习恶而为恶也。"又说："善则养育劝率，无令近恶，恶则辅保禁防，令渐于善。"也就是说，性可教而为善，只要有适当的教育，天下无不可教育的人。

王充认为，教育在发挥社会作用时效果不显著，礼义教化似乎不能为国家增添财富和实力，教育的社会效益是间接的，往往被一些缺乏远见的人所忽视。王充指出，从社会、国家的角度说，学校教育的作用在于维持纲纪伦常，激民向善，这本身就是最大的效益。教育对社会作用在于经过"圣教"渐化熏陶而使受教育者"文才雕琢，知能十倍"，可以为国家"任卿相之用"，也可以借"仁义之力"来改造社会。

1. 人性有善恶之分

情性者，人治之本，礼乐所由生也。故原情性之极，礼为之防，乐为之节。性有卑谦辞让，故制礼以适其宜；情有好恶喜怒哀乐，故作乐以通其敬。礼所以制，乐所为作者，情与性也。昔儒旧生，著作篇章，莫不论说，莫能实定。

周人世硕以为"人性有善有恶，举人之善性，养而致之则善长；性养而致之则恶长"。如此，则性各有阴阳，善恶在所养焉。故世子作《养书》一篇。密子贱、漆雕开、公孙尼子之徒，亦论情性，与世子相出入，皆言性有善有恶。

孟子作《性善》之篇，以为"人性皆善，及其不善，物乱之也"。谓人生于天地，皆禀善性，长大与物交接者，放纵悖乱，不善日以生矣。

若孟子之言，人幼小之时，无有不善也。微子曰："我旧云孩子，王子不出。"纣为孩子之时，微子睹其不善之性，性恶不出众庶，长大为乱不变，故云也。羊舌食我初生之时，叔姬视之，及堂，闻其啼声而还，曰："其声，豺狼之声也，野心无亲。非是莫灭羊舌氏。"遂不肯见。及长，祁胜为乱，食我与焉。国人杀食我，羊舌氏由是灭矣。纣之恶，在孩子之时；食我之乱，见始生之声。孩子始生，未与物接，谁令悖者？丹朱土于唐宫，商均生于虞室，唐、虞之时，可比屋而封，所与接者，必多善矣，二帝之旁，必多贤矣，然而丹朱傲，商均虐，并失帝统，历世为戒。且孟子相人以眸子焉，心清而眸子瞭，心浊而眸子眊。人生目辄眊瞭，眊瞭禀之于天，不同气也，非幼小之时瞭，长大与人接乃更眊也。性本自然，善恶有质。孟子之言情性，未为实也。然而性善之论，亦有所缘。或仁或义，性术乖也。动作趋翔，性识诡也。面色或白或黑，身形或长或短，至老极死，不可变易，天性然也。皆知水土物器形性不同，而莫知善恶禀之异也。一岁婴儿，无争夺之心，长大之后，或渐利色，狂心悖行，由此生也。

告子与孟子同时，其论性无善恶之分，譬之湍水，决之东则东，决之西则西。夫水无分于东西，犹人无分于善恶也。夫告子之言，谓人之性与水同也。使性若水，可以水喻性，犹金之为金，木之为木也。人善因善，恶亦因恶，初禀天然之姿，受纯壹之质，故生而兆见，善恶可察。无分于善恶，可推移者，谓中人也，不善不恶，须教成者也。故孔子曰："中人以上，可以语上也；中人以下，不可以语上也。"告子之以决水喻者，徒谓中人，不指极善极恶也。孔子曰："性相近也，习相远也。"夫中人之性，在所习焉，习善而为善，习恶而为恶也。至于极善极恶，非复在习，故孔子曰："惟上智与下愚不移。"性有善不善，圣化贤教，不能复移易也。孔子，道德之祖，诸子之中最卓者也，而曰"上智下愚不移"，故知告子之言，未得实也。

夫告子之言，亦有缘也。《诗》曰："彼姝之子，何以与之。"其传曰："譬犹练丝，染之蓝则青，染之朱则赤。"夫决水使之东西，犹染丝令之青赤也。丹朱、商均已染于唐、虞之化矣，然而丹朱慠而商均虐者，至恶之质，不受蓝朱变也。

孙卿有反孟子，作《性恶》之篇，以为"人性恶，其善者，伪也。"性恶者，以为人生皆得恶性也；伪者，长大之后，勉使为善也。

若孙卿之言，人幼小无有善也。稷为儿，以种树为戏；孔子能行，以俎豆为弄。石生而坚，兰生而香。禀善气，长大就成，故种树之戏，为唐司马；俎豆之弄，为周圣师。禀兰石之性，故有坚香之验。夫孙卿之言，未为得实。

然而性恶之言，有缘也。一岁婴儿，无推让之心，见食，号欲食之；睹好，啼欲玩之。长大之后，禁情割欲，勉厉为善矣。刘子政非之曰："如此，则天无气也。阴阳善恶不相当，则人之为善，安从生？"

陆贾曰："天地生人也，以礼义之性。人能察己所以受命则顺，顺之谓道。"

夫陆贾知人礼义为性，人亦能察己所以受命。性善者，不待察而自善，性恶者,虽能察之,犹背礼叛义。义挹于善,不能为也。故贪者能言廉,乱者能言治。盗跖非人之窃也,庄跷刺人之滥也,明能察己,口能论贤,性恶不为,何益于善?陆贾之言,未能得实。

董仲舒览孙、孟之书,作情性之说曰:"天之大经,一阴一阳;人之大经,一情一性。性生于阳,情生于阴。阴气鄙,阳气仁。曰性善者,是见其阳也;谓恶者,是见其阴者也。"

若仲舒之言,谓孟子见其阳,孙卿见其阴也。处二家各有见,可也;不处人情性有善有恶,未也。夫人情性,同生于阴阳,其生于阴阳,有渥有泊。玉生于石,有纯有驳;情性于阴阳,安能纯善?仲舒之言,未能得实。

刘子政曰:"性,生而然者也,在于身而不发;情,接于物而然者也,出形于外。形外,则谓之阳,不发者,则谓之阴。"

夫子政之言,谓性在身而不发。情接于物,形出于外,故谓之阳;性不发,不与物接,故谓之阴。夫如子政之言,乃谓情为阳,性为阴也。不据本所生起,苟以形出与不发见定阴阳也。必以形出为阳,性亦与物接,造次必于是,颠沛必于是。恻隐不忍,不忍,仁之气也;卑谦辞让,性之发也,有与接会,故恻隐卑谦,形出于外。谓性在内,不与物接,恐非其实。不论性之善恶,徒议外内阴阳,理难以知。且从子政之言,以性为阴,情为阳,夫人禀情,竟有善恶不也?

自孟子以下,至刘子政,鸿儒博生,闻见多矣,然而论情性竟无定是。唯世硕、儒公孙尼子之徒,颇得其正。由此言之,事易知,道难论也。酆文茂记,繁如荣华;诙谐剧谈,甘如饴蜜,未必得实。

实者,人性有善有恶,犹人才有高有下也。高不可下,下不可高。谓性无善恶,是谓人才无高下也。禀性受命,同一实也。命有贵贱,性有善恶。谓性无善恶,是谓人命无贵贱也。九州田土之性,善恶不均,故有黄赤黑之别,上中下之差;水潦不同,故有清浊之流,东西南北之趋。人禀天地之性,怀五常之气,或仁或义,性术乖也；动作趋翔，或重或轻，性识诡也。面色或白或黑，身形或长或短，至老极死不可变易，天性然也。

余固以孟轲言人性善者，中人以上者也；孙卿言人性恶者，中人以下者也；扬雄言人性善恶混者，中人也。若反经合道，则可以为教；尽性之理，则未也。[1]

《论衡·本性篇》（第十三）在探讨人的本性是恶还是善，故篇名叫"本性"。王充在本篇里剖析了从孟子到汉代刘子政的各种人性观。认为孟子的性善论、荀子的性恶论、告子的人性无善恶论，以及扬雄的人性善恶兼有论，都是片面的。在本篇里，他认为人"禀天地之性，怀五常之气"，所以人性有善有恶。根据孔子"惟上智与下愚不移"的观点，他解释说，孟子讲人性善，指的是具有中等以上智力的人；荀子讲人性恶，指的是只有中等以下智力的人；告子和扬雄讲的是"性相近"的平常人。他认为"至善至恶"的人性不能改变，平常人的人性是可以随习气改变的，"习善而为善，习恶而为恶"。

王充以人性论为出发点，论证了人的可塑性和教育的必要性。他在《本性》篇开宗明义第一句话就说"情性者，人治之本"。即情性，是治理人的根本，应把人性当作治理人的根本。怎样去治理人呢？他认为，关键在于教育。他说："原情性之极，礼为之防，乐为之节。"礼乐制度就是由此制定出来的。特意分析了情性发展到极端的后果，然后用礼来作为防范，用乐来作为节制。性有卑谦辞让，所以制礼以便适合其亲善；情有好恶喜怒哀乐，所以作乐以便得到严肃的表达。制礼作乐的根据，是人的情和性。过去的儒生写文章，没有不论说的，却没有一个能做出正确的结论。在他看来，人有卑谦辞让之性，所以要制礼以使其得到恰如其分的发展，人有好恶喜怒哀乐之情，所以要作乐以使其严肃，正常地表达。他把人性作为教育的基础和前提。

在人性问题上，王充从朴素的唯物主义观点出发，不同于孟子的"人性

---

[1] 王充著，张宗祥校注.论衡校注·本性[M].上海：上海古籍出版社，2010.65—69.

善", 也不同于荀子的"人性恶", 更不认同董仲舒的"性三品"说, 而是提出人性有善恶之分。王充认为, 由于先天禀气之不同, 心存仁、义、礼、智、信"五常"之气, 有人仁有人义, 是天生的道义不同, 人的生理素质是有差异的。他说: "实者人性有善有恶, 犹人才有高有下也。"又说:"人之善恶, 共一元气; 气有多少, 故性有贤愚。"由于时代的局限, 尤其是受科学发展水平的制约, 王充所说的"气"还谈不上我们今天所说的遗传素质, 但却包含着这种意思, 不管怎样, 王充对人性问题的认识是唯物主义的, 是比较科学的。[1]

2. 教育与人性的关系

论人之性, 定有善有恶。其善者, 固自善矣; 其恶者, 故可教告率勉, 使之为善。凡人君父审观臣子之性, 善则养育劝率, 无令近恶; 近恶则辅保禁防, 令渐于善。善渐于恶, 恶化于善, 成为性行。

……

王良、造父称为善御, (不)能使不良为良也。如徒能御良, 其不良者不能驯服, 此则驵工庸师服驯技能, 何奇而世称之? 故曰:"王良登车, 马不罢驽; 尧、舜为政, 民无狂愚。"传曰:"尧、舜之民, 可比屋而封; 桀、纣之民可比屋而诛。""斯民也, 三代所以直道而行也。"圣主之民如彼, 恶主之民如此, 竟在化, 不在性也。闻伯夷之风者, 贪夫廉而懦夫有立志; 闻柳下惠之风者, 薄夫敦而鄙夫宽。徒闻风名, 犹或变节, 况亲接形面相敦告乎?

孔门弟子七十之徒, 皆任卿相之用, 被服圣教, 文才雕琢, 知能十倍, 教训之功而渐渍之力也。未入孔子之门时, 闾巷常庸无奇。其尤甚不率者, 唯子路也。世称子路无恒之庸人, 未入孔门时, 戴鸡佩豚, 勇猛无礼; 闻诵读之声, 摇鸡奋豚, 扬唇吻之音, 聒贤圣之耳, 恶至甚矣。孔子引而教之, 渐渍磨砺, 阖导牖进, 猛气消

---

[1] 王凌皓. 中国教育史论 [M]. 长春: 吉林人民出版社, 2000. 143.

损，骄节屈折，卒能政事，序在四科。斯盖变性使恶为善之明效也。

夫肥沃墝埆，土地之本性也。肥而沃者性美，树稼丰茂，墝而埆者性恶，深耕细锄，厚加粪壤，勉致人功，以助地力，其树稼与彼肥沃者相似类也。地之高下，亦如此焉。以锸锸凿地，以埤增下，则其下与高者齐。如复增锸锸，则夫下者不徒齐者也，反更为高，而其高者反为下。使人之性有善有恶，彼地有高有下，勉致其教令，之善则将善者同之矣。善以化渥，酿其教令，变更为善，善则且更宜反过于往善。犹下地增加锸锸，更崇于高地也。

"赐不受命，而货殖焉。"赐本不受天之富命，所加货财积聚，为世富人者，得货殖之术也。夫得其术，虽不受命，犹自益饶富。性恶之人，亦不禀天善性，得圣人之教，志行变化。世称利剑有千金之价，棠溪、鱼肠之属，龙泉、太阿之辈，其本铤，山中之恒铁也，冶工锻炼，成为铦利。岂利剑之锻与炼，乃异质哉？工良师巧，炼一数至也。试取东下直一金之剑，更熟锻炼，足其火，齐其铦，犹千金之剑也。夫铁石天然，尚为锻炼者变易故质，况人含五常之性，贤圣未之熟锻炼耳，奚患性之不善哉？古贵良医者，能知笃剧之病所从生起，而以针药治而已之。如徒知病之名而坐观之，何以为奇？夫人有不善，则乃性命之疾也，无其教治，而欲令变更，岂不难哉？

天道有真伪，真者固自与天相应，伪者人加知巧，亦与真者无以异也。何以验之？《禹贡》曰："璆琳琅玕。"此则土地所生真玉珠也。然而道人消烁五石，作五色之玉，比之真玉，光不殊别。兼鱼蚌之珠，与《禹贡》璆琳，皆真玉珠也。然而随侯以药作珠，精耀如真，道士之教至，知巧之意加也。阳遂取火于天，五月丙午日中之时，消炼五石，铸以为器，磨砺生光，仰以向日，则火来至，此真取火之道也。今妄取刀剑月，摩拭朗白，仰以向日，亦得火焉。夫钩月非阳遂也，所以耐取火者，摩拭之所致也。今夫性恶之人，使与性善者同类乎？可率勉之，令其为善；使之异类乎？亦可令与道人之所铸玉、随侯之所作珠、人之所摩刀剑钩月焉，教导以学，渐渍以德,亦将日有仁义之操。

黄帝与炎帝争为天子,教熊罴貔虎以战于阪泉之野,三战得志,炎帝败绩。尧以天下让舜,鲧为诸侯,欲得三公而尧不听,怒其猛兽,欲以为乱,比兽之角可以为城,举尾以为旌,奋心盛气,阻战为强。夫禽兽与人殊形,犹可命战,况人同类乎?推此以论,"百兽率舞","潭鱼出听","六马仰秣",不复疑矣。异类以殊为同,同类以钧为异,所由不在于物,在于人也。

凡含血气者,教之所以异化也。三苗之民,或贤或不肖,尧、舜齐之,恩教加也。楚、越之人,处庄、岳之间,经历岁月,变为舒缓,风俗移也。故曰:"齐舒缓,秦慢易,楚促急,燕戆投。"以庄、岳言之,四国之民,更相出入,久居单处,性必变易。夫性恶者,心比木石,木石犹为人用,况非木石!在君子之迹,庶几可见。[1]

在承认人性有善恶、人才有高下的基础上,王充阐发了教育与人性的关系。"论人之性,定有善有恶。其善者,固自善矣;其恶者,故可教告率勉,使之为善。"意思是说,研究人的德性,一定有善有恶。善的,固然开始就善;恶的,还能经过教育、劝告、引导、勉励,使他们成为善的。凡是做君主和父亲的,都会仔细观察臣与子的德性,善的就培养、教导、勉励、引导,不使他靠近恶的;恶的就教育、安抚、制止、防犯,使他向善的方面逐渐转化。善的向恶的方面逐渐转化,恶的向善的方面逐渐转化,就会成为和生就的品行一样。也就是说,人性虽然有善恶之分,但是人的本性是可以通过引导改变的,通过教育就可以改变人的本性,这种"性可教而为善"的观点是含有唯物辩证法的合理内核的。

接着王充在《率性》篇中列举了大量事实来论证人性的可塑性和教育与环境在人的个性形成中的巨大作用。用王良、造父等人的例子,使人改变本性,变"恶"为"善",同时天道要顺应天意,以学习去教育开导,以德去逐渐感化,使人们逐渐具备仁义的操行。"道有真伪",即指道有自然形成的,有人为的,自

---

[1] 王充著,张宗祥校注.论衡校注·率性[M].上海:上海古籍出版社,2010.35—39.

然形成的一开始就与天意相符合，人为的是人施加了智慧和技巧，但它与自然形成的没有什么两样。拿什么证明呢？《尚书·禹贡》上说的"璆琳琅玕"，璆，是美玉。琳，是真珠。琅玕，类似珠。这些本来是地里形成的，真的玉和珠。然而道人熔化五石，作成五色的美玉，与真正的宝玉相比，光润没有什么差别；还有鱼和蚌里的珍珠，与《禹贡》里说的璆琳，都是真正的美玉珠宝。至于随侯用药制作玉珠，光亮得像真的一样，这是道士的法术所至，已超出人的智慧和技巧范围。阳遂是从天上取火，五月丙午这天中午的时候，熔化五石用它铸成铜镜，反复摩擦使其发亮，然后把镜面朝上向着太阳，立即火就来了，这才是取火的方法。现在随便用刀剑和半月形的钩把它擦得雪亮，朝上向着太阳，也能得到火。半月形的钩不是阳遂，它能取火的原因，是摩擦导致的。现今性恶的人，假使他们与性善的人同类，可以引导勉励他们，使其变得性善；假使他们不同类，也可以使他们跟道人铸玉，跟随侯制作玉珠，像人磨刀剑和半月形的钩一样，以学习去教育开导，以德去逐渐感化，这样他们就会一天天地逐渐具备仁义的操行了。

关于古代三王治理有方，王充也指出人们的本性很重要，尧舜时期的三苗的百姓，有的贤良有的不贤良，尧舜使他们都变得贤良，是施恩加以教化的结果。可见，教育能使人的本性发生变化。他认为，由于人生活的环境不同，也可以改变人性。他说，齐国人性格和缓，秦国人性格傲慢，楚国人急躁，燕国人憨直，假若"使四国之民，更相出入，久居单处，性必变易"。意思是说，使四国性情不同的人相处一起，相互交往，长期脱离原来的环境，移居异国他乡，那么，原来的性格必然会发生变化。

传曰："说命有三：一曰正命，二曰随命，三曰遭命。"正命，谓本禀之自得吉也。性然骨善，故不假操行以求福而吉自至，故曰正命。随命者，戮力操行而吉福至，纵情施欲而凶祸到，故曰随命。遭命者，行善得恶，非所冀望，逢遭于外而得凶祸，故曰遭命。

凡人受命，在父母施气之时，已得吉凶矣。夫性与命异，或性善而命凶，或性恶而命吉。操行善恶者，性也；祸福吉凶者，命也。或行善而得祸，是性善而命凶；或行恶而得福，是性恶而命吉也。性自有善恶，命自有吉凶。使命吉之人，虽不行善，未必无福；凶命之人，虽勉操行，未必无祸。孟子曰："求之有道，得之有命"，性善乃能求之，命善乃能得之。性善命凶，求之不能得也。行恶者祸随而至，而盗跖、庄蹻，横行天下，聚党数千，攻夺人物，断斩人身，无道甚矣，宜遇其祸，乃以寿终。夫如是，随命之说，安所验乎？遭命者，行善于内，遭凶于外也。若颜渊、伯牛之徒，如何遭凶？颜渊、伯牛，行善者也，当得随命，福祐随至，何故遭凶？颜渊困于学，以才自杀；伯牛空居而遭恶疾。及屈平、伍员之徒，尽忠辅上，竭王臣之节，而楚放其身，吴烹其尸。行善当得随命之福，乃触遭命之祸，何哉？言随命则无遭命，言遭命则无随命，儒者三命之说，竟何所定？且命在初生，骨表著见。今言随操行而至，此命在末，不在本也。则富贵贫贱皆在初禀之时，不在长大之后随操行而至也。

正命者，至百而死，随命者五十而死。遭命者，初禀气时遭凶恶也，谓妊娠之时遭得恶也，或遭雷雨之变，长大夭死。

此谓三命。亦有三性：有正，有随，有遭。正者，禀五常之性也；随者，随父母之性；遭者，遭得恶物象之故也。故妊妇食兔，子生缺唇。《月令》曰："是月也，雷将发声，有不戒其容者，生子不备，必有大凶。"喑聋跛盲，气遭胎伤，故受性狂悖。羊舌似我初生之时，声似豺狼，长大性恶，被祸而死。在母身时，遭受此性，丹朱、商均之类是也。性命在本，故《礼》有胎教之法：子在身时，席不正不坐，割不正不食，非正色目不视，非正声耳不听。及长，置以贤师良傅，教君臣父子之道。贤不肖在此时矣。[1]

王充先是对人的三种命进行分类和解释，然后对人性形成过程表达了自己的看法，并且阐释了性与命的关系。同时他认为决定人性的因素有三个方面，分别是：正性、随性、遭性。

他指出，经传上"说命有三：一曰正命，二曰随命，三曰遭命"。"正命"是说本来给的就是好命，自然会得到富贵。生下来骨相就好，不需要良好操行来寻求福佑，富贵自然会到来，所以叫"正命"。"随命"是说要努力端正操行，才能得到富贵福佑，若放纵自己的情欲，那么贫贱灾祸就会跟随而来，所以叫"随命"。"遭命"是说做善事遭恶报，并非自己希望的结果，也可以是偶然碰上外来的事故，遭到贫贱与灾祸，所以叫"遭命"。人得到生命，是在父母交合的时候，那时已经注定了自己的吉凶。性与命不同，有的性善而命凶，有的性恶而命吉。操行品德的好坏，是性；遇到的祸福凶吉，是命。有的人操行良好而遭到灾祸，这是性善而命凶；有的人操行恶劣却得到福佑，这是性恶而命吉。性自然有善有恶，命自然有吉有凶。命吉的人，即使不做好事，未必得不到福佑；命凶的人，即使努力修养操行，未必没有灾祸。

王充还用了孟子和颜渊等人的事例加以说明。他引用了孟子的观点，"追求富贵有一定门径，能否得到由命来决定。"性善才能追求富贵，命善才能得到富贵。性善命凶，追求富贵是不能得到的。如果做坏事灾祸就会随之而到来，那么跖、庄蹻率众横行天下，聚集同党数千人，到处打人夺物，宰杀民众，没有道义到极点，应当遭受灾祸，但却活到了正常寿命才死去。这样，"随命"的说法，怎么能证实呢？"遭命"的人，自身做好事，却由于外来的原因遭到灾凶。像颜渊、伯牛这样的人，为什么会遭到灾凶呢？颜渊、伯牛，是操行贤良的人，应该是"随命"，福佑应当随之而来，为什么会又遭到灾凶？颜渊被研究学问弄得疲

---

[1] 王充著，张宗祥校注.论衡校注·命义[M].上海：上海古籍出版社，2010.26—27.

劳过度,而很快结束了自己生命;伯牛是老老实实待在家里却得了不治之症。到屈原、伍子胥这些人,竭尽忠心辅佐君王,尽了臣子的节操,而楚王却放逐了屈原,吴王却把伍子胥的尸体用鼎烹煮。操行贤良应当得到"随命"的福佑,竟受到"遭命"的灾祸,为什么呢?说"随命"就没有"遭命",说"遭命"就不会有"随命",那儒者的"三命"说法,究竟是根据什么作出的呢?生命在生下来之后,一个人骨相体貌就能清楚地看出来。现在说命的吉凶是随操行而到来,这样命是在出生之后才有,而不是在最初承受气时所具有。可见富贵贫贱都在最初承受气的时候决定了,不在长大之后随操行而到来。"正命"的人活到百岁死。"随命"的人活到五十岁死。"遭命"的人最初承受气的时候就遭到意外的凶祸,比如说,怀孕的时候碰到不祥之物,或者遇到打雷下雨这样气候的突然变化,以后长大了也会早死。这就是所说的三种命。

"亦有三性:有正,有随,有遭。""正者,禀五常之性也。"其中"正"就是禀承仁、义、礼、智、信的性,是社会人应具备的五种道德品质,王充把禀有"五常之性"作为人类区别于其他物种的标志。不过"五常之性"不等于"五常",是指"五常之气",应视为王充对人类种族属性的一种认识;"随者,随父母之性。"随,就是顺从,任凭父母的性;遭,就是遭受恶物的性。"五常之气",人皆有之,但是每个具体的人又体现出不同特征。

王充认为这与个人禀受"五常之气"中各种不同类型的气的比例和多少有关,是受父母影响的结果,属人性的祖先遗传方面。"遭者,遭得恶物象之故也。"母亲怀孕期间,母体内、外界环境的变化都也可以改变"五常之气"的比例,甚至使其中的某个方面残缺不全。所以孕妇吃兔子肉,孩子生下来嘴唇是缺的。嗓哑、耳聋、脚跛、目盲,是因为气碰上恶物,使胎儿受到损伤,所以受气形成的性狂乱悖理。

人出生以后,人性就已经有差异。如果禀受的"五常之气"非常淡薄或严重失调，就不易被五常之教影响，他的性质便是恶的。如果禀受的"五常之气"，非常浓厚而且协调，便易于接受五常之教的影响，他的性质便是善的。处于两者之间的很难说善或恶。所以王充也是将人性分成了三个等级。王充的性之善、恶，不是对人的道德定性，而是表示人禀受的先天气质对接受道德教育的难易程度、对于个体的和谐发展是否有利。善恶是性的质地优劣的标志。

王充也充分肯定了教育的作用。首先他强调胎教。在影响人性的三个因素中，"遭性"是一个最易人为控制的因素。孕妇应该做到"席不正不坐，割不正不食，非正色目不视，非正声耳不听"。性和命是最初承受气时形成的，所以《礼记》上有胎教的各种礼法：妇女有身孕时，座席不在正中不坐，割下的肉不方正不吃，不纯正的颜色眼睛不看，不正当的声音耳朵不听。等到孩子长大，安排个贤良的老师，教授君臣父子的道理。是贤良还是不肖都在母体内时形成。保证胎儿发育阶段内外环境的和谐，让出生后的幼儿在走向自身发展的道路之前有个好的起点。

3. 环境对人性发展的影响

召公戒成王曰："今王初服厥命，于戏！若生子，罔不在厥初生。"生子谓十五子，初生意于善，终以善；初生意于恶，终以恶。《诗》曰："彼姝者子，何以与之？"传言："譬犹练丝，染之蓝则青，染之丹则赤。"十五之子，其犹丝也。其有所渐化为善恶，犹蓝丹之染练丝，使之为青赤也。青赤一成，真色无异。是故杨子哭歧道，墨子哭练丝也，盖伤离本，不可复变也。人之性，善可变为恶，恶可变为善，犹此类也。蓬生麻间，不扶自直；白纱入缁，不练自黑。彼蓬之性不直，纱之质不黑，麻扶缁染，使之直黑。夫人之性犹蓬纱也，在所渐染而善恶变矣。[1]

王充引经据典，借用召公告诫成王的例子。"生子"是说十五岁的人，刚开

---

[1] 王充著，张宗祥校注.论衡校注·率性[M].上海：上海古籍出版社，2010.35—36

始独立生活就要立志向好的方向发展，最终是善的；开始独立生活就愿意向坏的方向发展，最终是恶的。《诗经》上说："那个美好的人，拿什么赠送他？"传注说："比如像洁白的丝，用青色染料染它就是青色，用红色染料染它就是红色。"十五岁的人他们像丝一样，会逐渐转化为善的或恶的，如同青色染料、红色染料染白丝，会使它变成青色、红色一样。一旦染成青色、红色，就跟真的颜色没有区别。所以杨子怕走岔路而哭泣，墨子怕丝染错颜色而哭泣，这大概是在伤心一旦离开了正道或本色，就不能再改变。人的德性，善的能变成恶的，恶的也能变成善的，就像这种情况。飞蓬长在麻中间，不用扶持自然会直；白纱放进黑色的染缸，不用染色自然会黑。那飞蓬的生性不直，白纱的质地不黑，但由于大麻的扶持，黑色的染缸，使它们变直变黑。人的德性就像飞蓬和白纱一样，在逐渐浸染之下，善恶是会改变的。

魏之行田百亩，邺独二百，西门豹灌以漳水，成为膏腴，则亩收一钟。夫人之质犹邺田，道教犹漳水也。患不能化，不患人性之难率也。雒阳城中之道无水，水工激上洛中之水，日夜驰流，水工之功也。由此言之，迫近君子，而仁义之道数加于身，孟母之徙宅，盖得其验。人间之水污浊，在野外者清洁。俱为一水，源从天涯，或浊或清，所在之势使之然也。南越王赵佗，本汉贤人也，化南夷之俗，背叛王制，椎髻箕坐，好之若性。陆贾说以汉德，惧以圣威，蹶然起坐，心觉改悔，奉制称蕃，其于椎髻箕坐也，恶之若性。前则若彼，后则若此。由此言之，亦在于教，不独在性也。[1]

在《率性》篇结尾，王充再次重申环境对人性的影响，同时也指出了教育对人发展成长的重要作用。他说：魏国每个劳力分配无主荒田一百亩，邺县唯独土地贫瘠每劳力要分配二百亩，西门豹引用漳水灌溉，使之成了肥沃的土地，

[1] 王充著，张宗祥校注.论衡校注·率性[M].上海：上海古籍出版社，2010.40—41.

每亩要收庄稼一钟。人的本质就像邺县的荒田，仁义之道的教化如同漳水，让人担心的是不能变化，而不是担忧人性难于引导。雒阳城中的河道里没有水，治水工人就截断雒河中的水，使它上涨，于是河道里有水日夜奔流，这是治水工人的功劳。这样说来，"迫近君子，而仁义之道数加于身"，则一定能够成为优良品德的人。正因为如此，他特别强调统治者应该重视教育，发挥教育在治国化民中的重大作用。孟子的母亲三次搬家，大概就能证明。人聚居地方的水污浊，在野外的水清洁。同样是一种水，来源于天边，有的污浊，有的清洁，这是所处的环境使它这样。南越王赵佗，本来是汉朝贤良的人，被南夷的风俗所化，背叛汉朝制度，梳成椎状发髻，两腿伸直张开地坐着，就像天生喜欢这样。陆贾用汉的道德劝说，又用皇帝的威严恐吓，他就很快地起来坐好，从内心感到应该改悔，于是奉行汉朝制度，改称属国。他对于梳椎髻坐如箕，又像是天生厌恶了。前面像那样，后面却又像这样。这样说来，人还是在于教化，不单在本性。

在之后的《程材》篇，王充再次肯定环境对人性发展的影响。并且又一次引用了"蓬生麻间，不扶自直；白沙入缁，不染自黑。彼蓬之性不直，纱之质不黑，麻扶缁染，使之直黑。夫人之性犹蓬纱也，在所渐染而善恶变矣"。王充把人性与环境的关系做了形象的比喻说明，充分强调环境在人成长发展过程中的渐染影响作用。

4. "学校勉其前，法禁防其后"

有痴狂之疾，歌啼于路，不晓东西，不睹燥湿，不觉疾病，不知饥饱，性已毁伤，不可如何，前无所观，却无所畏也。是故王法不废学校之官，不除狱理之吏，欲令凡众见礼义之教。学校勉其前，法禁防其后，使丹朱之志，亦将可勉。何以验之？三军之士，非能制也，勇将率勉，视死如归。且阖庐尝试其士于五湖之侧，皆加刃于肩,血流至地。勾践亦试其士于寝宫之庭,赴火死者,不可胜数。夫刃、火,非人性之所贪也,二主激率,念不顾生。是故军之法轻刺血。孟贲勇也,闻军令惧。是故叔孙通制定礼仪,拔剑争功之臣,奉礼拜伏,初骄倨而后逊顺,教威德,变易性也。不患性恶,患其不服圣教,自遇而以生祸也。[1]

这段话的意思是说,人有疯癫的疾病,就会在路上又唱又哭,不知道东西南北,看不见是干是湿,感觉不到自己有病,也不晓得肚子是饿是饱,性情已经受严重伤害,对其无可奈何,因为向前他没有奔头,后退也无所畏惧。所以国家法律不废除负责教育的官吏,不废除负责司法的官吏,就是要使大众接受礼义的教化。学校教育勉励他们在前,法令禁止防范他们在后,即使有丹朱那样的德性,也可以通过勉励而从善。用什么来证明呢?军队的士兵,不是能够容易控制的,他们的勇猛精神如果得到引导勉励,就会视死如归。阖庐(即阖闾)曾经在太湖边训练他的士兵,叫他们都把刀口按在肩上,让血直流到地。勾践也在他寝宫的院子里架起火训练他的士兵,结果跳进火里死的人多得数不清。刀割、火烧都不是人性所贪图的,由于二位君主的激励引导,他们顷刻间也就不顾惜自己生命了。所以,军法轻的处分是刺出血,重的处分是砍头,就像孟贲那样的勇士,听到军令也会害怕。所以,叔孙通为朝廷制定了礼仪,那些拔剑争功的大臣,也只得遵奉朝仪甘愿屈服,起初傲慢的到后来也都恭顺了,这是圣人的教化和皇帝的威严,使他们改变了性情。不担心其性恶,担心的是他们不服从圣人的教化,自以为是而因此发生祸害。

王充在充分肯定了环境、教育对人性的影响作用的同时,提出要通过法律手段,运用政权的力量保障学校教育的实施。他说:"是故,王法不废学校之官,不除狱理之吏,欲令凡众见礼义之教,学校勉其前,法禁防其后,使丹朱之志,亦将可勉。"在这里,王充还提醒统治者,对百姓既要通过教育提高其道德

---

[1] 王充著,张宗祥校注.论衡校注·率性[M].上海:上海古籍出版社,2010.39.

水平和文化修养，又要加强法律的约束，只有"学校勉其前，法禁防其后"，才能起到治国化民的社会效应，教育虽然能够"反情治情，尽材成德"，但却不是万能的，社会的稳定光靠教育是实现不了的，它必须配合法律的手段，通过政权的力量才能充分地发挥作用，这一认识是非常深刻的，正因如此王充才没有陷入教育万能论。

（二）论培养目标

1. 儒生与文吏

论者多谓儒生不及彼文吏，见文吏利便而儒生陆落，则诋訾儒生以为浅短，称誉文吏谓之深长。是不知儒生，亦不知文吏也。儒生、文吏皆有材智，非文吏材高而儒生智下也；文吏更事，儒生不习也。谓文吏更事，儒生不习，可也；谓文吏深长，儒生浅短，知妄矣。

世俗共短儒生，儒生之徒，亦自相少。何则？并好仕学宦，用吏为绳表也。儒生有阙，俗共短之；文吏有过，俗不敢訾。归非于儒生，付是于文吏也。夫儒生材非下于文吏，又非所习之业非所当为也，然世俗共短之者，见将不好用也。将之不好用之者，事多己不能理，顺文吏以领之也。夫论善谋材，施用累能，期于有益。文吏理烦，身役于职，职判功立，将尊其能。儒生果果，不能当剧；将有烦疑，不能效力。力无益于时，则官不及其身也。将以官课材，材以官为验，是故世俗常高文吏，贱下儒生。儒生之下，文吏之高，本由不能之将。世俗之论，缘将好恶。

今世之将，材高知深，通达众凡，举纲持领，事无不定；其置文吏也，备数满员，足以辅己志。志在修德，务在立化，则夫文吏瓦石，儒生珠玉也。夫文吏能破坚理烦，不能守身，身则亦不能辅将。儒生不习于职，长于匡救；将相倾侧，谏难不惧。案世间能建蹇蹇之节，成三谏之议，令将检身自救，不敢邪曲者，率多儒生。阿意苟取容幸，将欲放失，低嘿不言者，率多文吏。文吏以事胜，以忠负；儒生以节优，以职劣。二者长短，各有所宜；世之将相，各有所取。取儒生者，必轨德立化者也；取文吏者，必优事理乱者也。

材不自能则须助，须助则待劲。官之立佐，为力不足也；吏之取能，为材不及也。日之照幽，不须灯烛；贲、育当敌，不待辅佐。使将相知力，若日之照幽，贲、育之难敌，则文吏之能无所用也。病作而医用，祸起而巫使。如自能案方和药，入室求祟，则医不售而巫不进矣。桥梁之设也，足不能越沟也；车马之用也，走不能追远也。足能越沟，走能追远，则桥梁不设，车马不用矣。天地事物，人所重敬，皆力劣知极，须仰以给足者也。今世之将相，不责己之不能，而贱儒生之不习；不原文吏之所得得用，而尊其材，谓之善吏。非文吏，忧不除；非文吏，患不救。是以选举取常故，案吏取无害。儒生无阀阅，所能不能任剧，故陋于选举，佚于朝廷。

聪慧捷疾者，随时变化，学知吏事，则蹑文吏之后，未得良善之名。守古循志，案礼修义，辄为将相所不任，文吏所毗戏。不见任则执欲息退，见毗戏则意不得，临职不劝，察事不精，遂为不能，斥落不习。有俗材而无雅度者，学知吏事，乱于文吏，观将所知，适时所急，转志易务，昼夜学问，无所羞耻，期于成能名文而已。其高志妙操之人，耻降意损崇，以称媚取进，深疾才能之儒。洎入文吏之科，坚守高志，不肯下学。亦时或精暗不及，意疏不密，临事不识；对向谬误，拜起不便，进退失度；奏记言事，蒙士解过，援引古义；割切将欲，直言一指，触讳犯忌；封蒙约缚，简绳检署，事不如法；文辞卓诡，辟刺离实，曲不应义。故世俗轻之，文吏薄之，将相贱之。

是以世俗学问者，不肯竟经明学，深知古今，急欲成一家章句。义理略具，同超学史书，读律讽令，治作情奏，习对向，滑习跪拜，家成室就，召署辄能。徇今不顾古，超仇不存志，竟进不案礼，废经不念学。是以古经废而不修，旧学暗而不明，儒者寂于空室，文吏哗于朝堂。材能之士，随世驱驰；节操之人，守隘屏窜。驱驰日以巧, 屏窜日以拙。非材顿、知不及也, 希见阙为, 不狎习也。盖足未尝行, 尧、禹问曲折; 目未尝见, 孔、墨问形象。[1]

王充把当时的人才归纳为儒生与文吏两大类, 儒生是指研习五经的读书人、有一定经学造诣的学者; 文吏则是指熟习政务的一般官吏、虽无经学造诣, 但有丰富官场经验的官吏。当时的人看见文吏处境顺利, 飞黄腾达, 儒生沉沦, 不得志, 就诋毁儒生才能差, 智慧低, 文吏才能高, 智慧聪明。

王充首先针对当时的人们对于儒生和文吏的看法, 进行了评说。他说, 很多评论的人都认为儒生赶不上文吏, 因为看见文吏处境顺利而儒生不得志, 就诋毁儒生, 认为他们才智低下, 称赞文吏, 认为他们才智高超。这既是不了解儒生, 也是不了解文吏。其实, 儒生和文吏都有才智, 并不是文吏才智高超而儒生才智低下, 只是文吏经历的事情多, 而儒生经历的少。认为文吏经历的事情多, 儒生经历的少是可以的; 而认为文吏才智高超, 儒生才智低下, 就荒谬了。

然后他指出了社会上对于儒生和文吏的普遍观点: 一般是看重文吏、看轻儒生。针对此, 王充提出了自己不同的观点: 社会上一般人都诋毁儒生, 儒生们自己也互相瞧不起。为什么呢? 因为他们都想做官并想学习当官的本领, 而且以文吏作为标准。儒生一有缺点, 一般人就一起诋毁他们; 文吏有过错, 一般人都不敢去诋毁。把错的东西归罪给儒生, 把对的东西归给文吏。其实, 儒生的才能不比文吏低下, 也不是他们学习的本事没有用处, 而社会上一般人都诋毁他们, 是因为看见地方长官不喜欢任用他们地方长官不喜欢任用他们, 是因为很多事情自己不能亲自处理, 需要文吏来主持办理。于是就衡量和选择人才, 区别他们能力大小, 是出于对办事有好处。文吏善于处理烦杂事务, 尽力于自己职务, 做好本职工作建立功绩, 所以地方长官看重他们的能力。儒生事事小心翼翼、战战兢兢、不能担当繁杂的工作, 地方长官有烦难疑问, 不能效力。他们的能力对

---

[1] 王充著, 张宗祥校注.论衡校注·程材[M].上海: 上海古籍出版社, 2010.244-247.

于处理时事没有用处,那么当官自然轮不到他们身上。地方长官用做官的标准来考核人的才能,人的才能大小又以当官做证明,所以社会上一般人常常看重文吏,看不起儒生。儒生被轻视,文吏被重视,根源在于无能的地方长官。可见社会上一般人的评论,都顺着地方长官的喜欢与厌恶。

像当今的地方长官,才智高深,地位显贵,起着纲领作用,事情全由他们做决定的,他们设置文吏,是为了填满名额,足以辅助自己实现志向。如果他们的志向在于修养道德,致力于提倡教化,那么文吏就会被看成瓦石,儒生就会被看成珠玉。文吏能解决困难问题,处理繁杂事务,却不能保持住自身的节操,那么也就不能辅助地方长官。儒生没有学习过文职工作,却擅长于纠正过失,地方长官为非作歹,冒危险规劝也不惧怕。考察社会上能保持忠心耿耿节操的,实现三谏之义的,使地方长官检点自身,约束自己,不敢不正直的,大多是儒生。而迎合地方长官意志,不择手段讨喜欢和争宠幸的,地方长官想放纵,低头沉默不说话的,大多是文吏。文吏以处理事务占优势,在忠诚正直方面欠缺;儒生以保持节操占优势,在处理文职事务方面欠缺。二者都有长处与短处,各有合适的工作,当今的地方官吏,对二者各有所取。选取儒生的人,一定是讲究道德和提倡教化者;选取文吏的人,一定是注重事务和重视处理繁杂工作者。

自己才能不够则需要帮助,需要帮助就要依靠有能力的人。官吏设置辅佐,是因为能力不足;选取有能力的属吏,是因为自己才能不够。太阳照耀黑暗,不需要灯烛;孟贲、夏育御敌,不靠辅佐。假使地方长官的能力,都像太阳照耀黑暗,像孟贲和夏育那样难于抵挡,那么文吏的才能就没有用处了。病发作就有人请医生,灾祸来了就有人用巫。如果自己能开方配药,会入室捉神弄鬼,那么就没有人请医生,没有人用巫。桥梁的架设,是因为人的脚不能跨越河沟;车马的使用,是因为人不能跑得很远。要是人的脚能跨越河沟,人能跑得很远,那么就不用架设桥梁,也不要使用车马。天地间的事物,人所尊重崇敬的原因，是因为能力低下智慧不够，需要依仰它来充足。像当今的地方长官，不是责备自己没有才能，而是轻视儒生不学习文职；不追究文吏得到重用的原因，而尊重他们的才能，认为他们是好官吏。于是就认为，不是文吏，不能排除忧虑；不是文吏，不能解救忧患。所以选举时常要老办事的人，考核官吏常取按章办事没有差错的人。儒生没有处理时事的功绩和经历，所具备的能力不能胜任繁杂的事务，所以在选举时处于下等，在朝廷上失去地位。

儒生中脑子聪明行动敏捷的人，随着当时情况变化，学会做官的一套，就追随文吏的后面，从未得过好名声。而遵守先王之道，坚持自己志向，遵守讲求礼义的，往往地方长官不信任，被文吏鄙视、戏弄。由于不被重用就执意要退职，被鄙视、戏弄就感到不得意，因而办事不勤勉，观察事情不精细，从而被认为没有能力，被数落不会办事。儒生中只有一般才能没有高尚抱负的，学会了做官的一套，与文吏混在一起，窥测地方长官的喜好，迎合当时的急需，转变志向改变作为，日夜兼程又学又问，不感到羞耻，只是希望成为一个擅长文书出名的人罢了。而那些有高尚志向美好节操的人，耻于降低自己高尚志向，损害自己崇高品德，去献媚求官，因而深恨那些"有俗才而无雅度"的儒生。等到他们进入文吏行列，仍然坚持自己高尚的志向，不肯就学文吏一套。也许因为在处理问题上，熟练程度不够，考虑粗疏不周密，遇事不知道怎么办；在官场上对答有错误，跪拜不熟练，进退违背礼节；在朝廷上，上本陈述己见议论大事，像迂腐的读书人辩解过失，引证典故；在地方上，切断了长官的欲望，直言一针见血，触犯了讳忌；在办事上，封固和捆扎公文，给简牍系带贴签落名，或封泥用印，这些事上没有按照规章制度；在言谈上，说话高谈阔论，乖僻脱离实际，迂腐不符合道理。所以社会上一般人轻视他们，文吏鄙薄他们，地方长官看不起他们。

所以社会上一般做学问的人，不肯完全弄通经学，在深刻了解古今上下功夫，都急于想成为一家章句学派。只要初懂文义道理，同时又讲究学习令史的必读书籍，熟读背诵法令，习作公文，学习答对，熟习跪拜礼节，在家练习好的，一旦召去供职就能胜任。为了顺应当今风气不顾先王之道，急于成就就放弃高尚志向，抢着上爬不顾礼义，废弃经书不想学习。因此古经被废弃没人学习，经学暗淡无光，儒生冷冷清清地待在家里，文吏则在朝堂上高声喧哗得意扬扬。

"有俗才而无雅度"的读书人，就跟随世俗奔走效劳；而有高尚节操的儒生，就处于偏僻狭小的地方，被排斥与疏远。奔走效劳的人一天比一天显得灵巧，被排斥疏远的人则一天比一天显得笨拙。不是他们能力差，智慧不够，而是见得少，干得少，不熟习的缘故。要是自己的脚未曾走过的地方，即使是尧和禹也要问问道路的情况；要是自己眼睛未曾见过的东西，即使是孔子和墨子也要问问它们的形状。

科用累能，故文吏在前，儒生在后，是从朝廷谓之也。如从儒堂订之，则儒生在上，文吏在下矣。从农论田，田夫胜；从商讲贾，贾人贤；今从朝庭，谓之文吏。朝廷之人也，幼为干吏，以朝廷为田亩，以刀笔为耒耜，以文书为农业，犹家人子弟，生长宅中，其知曲折，愈于宾客也。宾客暂至，虽孔、墨之材，不能分别。儒生犹宾客，文吏犹子弟也。以子弟论之，则文吏晓于儒生，儒生暗于文吏。今世之将相，知子弟以文吏为慧，不能知文吏以狎为能；知宾客以暂为固，不知儒生以希为拙，惑蔽暗昧，不知类也。

一县佐史之材，任郡掾史；一郡修行之能，堪州从事。然而郡不召佐史，州不取修行者，巧习无害，文少德高也。五曹自有条品，簿书自有故事，勤力玩弄，成为巧吏，安足多矣？贤明之将，程吏取材，不求习论高，存志不顾文也。称良吏曰忠，忠之所以为效，非簿书也。夫事可学而知，礼可习而善，忠节公行不可立也。文吏、儒生皆有所志，然而儒生务忠良，文吏趋理事。苟有忠良之业，疏拙于事，无损于高。

论者以儒生不晓簿书，置之于下第。法令比例，吏断决也。文吏治事，必问法家。县官事务，莫大法令。必以吏职程高，是则法令之家宜最为上。或曰："固然。法令，汉家之经，吏议决焉。事定于法，诚为明矣。"曰：夫五经亦汉家之所立，儒生善政，大义皆出其中。董仲舒表《春秋》之义，稽合于律，无乖异者。然则《春秋》，汉之经，孔子制作，垂遗于汉。论者徒尊法家，不高《春秋》，是暗蔽也。《春秋》、五经，义相关穿，既是《春秋》，不大五经，是不通也。五经以道为务，事不如道，道行事立，无道不成。然则儒生所学者，道也；文吏所学者，事也。假使材同，当以道学。如比于文吏，洗洿泥者以水，燔腥生者用火，水火，道也，用之者，事也，事末于道。儒生治本，文吏理末，道本与事末比，定尊卑之高下，可得程矣。

......

蓬生麻间，不扶自直；白纱入缁，不染自黑。此言所习善恶，变易质性也。儒生之性，非能皆善也，被服圣教，日夜讽咏，得圣人之操矣。文吏幼则笔墨，手习而行，无篇章之诵，不闻仁义之语。长大成吏，舞文巧法，徇私为己，勉赴权利；考事则受赂，临民则采渔，处右则弄权，幸上则卖将；一旦在位，鲜冠利剑，一岁典职，田宅并兼。性非皆恶，所习为者，违圣教也。故习善儒路，归化慕义，志操则励变从高，明将见之，显用儒生。东海相宗叔犀广召幽隐，春秋会缴，设置三科，以第补吏，一府员吏，儒生什九。陈留太守陈子瑀，开广儒路，列曹掾史，皆能教授；簿书之吏，什置一二。两将知道事之理，晓多少之量，故世称褒其名，书记纪累其行也。[1]

在关于如何衡量儒生与文吏才能高下的问题，王充认为文吏与儒生各有所长，亦各有所短："文吏以事胜，以忠负；儒生以节优，以职劣。"但从总体而言，儒生优于文吏。因为儒生自幼"被服圣教"，受纲常伦理的熏陶，并有治国之道的研究，而文吏"无篇章之诵，不闻仁义之语。长大成吏，舞文巧法，徇私为己，勉赴权利"。他批评当时重文吏、轻儒生的社会风气，认为这是社会政治腐败的一个根源。王充认为这是用做官的标准来衡量人的才能，不足取。人们形成这

[1] 王充著，张宗祥校注.论衡校注·程材[M].上海：上海古籍出版社，2010.247—250.

种错误看法的原因，王充则毫不客气地指出，是地方长官的无能，事事依靠文吏造成的。他认为儒生与文吏各有所能，"儒生所学者，道也；文吏所学者，事也。""儒生治本，文吏理末"。根本原则与细枝末节的具体事务相比，王充说："定尊卑之高下，可得程矣。"作者在文中指责文吏能理事无节操，实际上也揭露了当时仕途和官场的腐败。"长大成吏，舞文巧法，徇私为己，勉赴权利。考事则受赂，临民则采渔，处右则弄权，幸上则卖将。一旦在位，鲜冠利剑；一岁典职，田宅并兼。"实则是一批奸猾可恶的坏蛋。

王充说，因为要分别和比较能力的大小，所以文吏排在前，儒生排在后，这是从朝廷的角度说的。如果从通晓儒家经书的角度来评定儒生与文吏，那么儒生在上，文吏在下。从务农的角度来评论种田，农夫最高明；从经商的角度来讲，做买卖，贾商最能干；如今从朝廷的角度来论人才，所以说文吏最高明。朝廷里的人，年纪小的时候做文吏，以朝廷为田地，用刀笔作耒耜，把公文当农桑，就像人家的子弟，生长在宅院中，他们知道宅院内房屋、通道的情况，胜过宾客。宾客刚来，即使是孔子和墨子的才智，也不能辨别。儒生像宾客，文吏像子弟。用子弟熟悉宅院作比喻来评论文吏和儒生，那么在掌握文书上文吏比儒生熟悉，儒生比文吏生疏。像当今的地方长官，知道子弟因为在宅院里时间长熟悉情况才聪明起来，却不知道文吏是因为文书熟练才能干的；知道宾客因为刚来不了解情况，却不知道儒生是因为接触文书和法令少才笨拙的。这是糊涂不明，不会类推的缘故。

一个县里佐史的才能，能胜任郡里的掾史；一个郡里循行的才能，能胜任州里的从事。然而郡里不招用佐史，州里不起用循行，是因为处理文书非常熟练就会按法令办事没有差错，虽然他们道德高尚，但很少处理公文。五曹办事自有章程，公文书写自有旧例，只要勤勉练习，就能成为高明的文吏，这怎么能受到称赞呢？贤能高明的地方长官，衡量官吏是选择才智，不寻求是否熟习文

◎ 董仲舒、王充教育名著导读 ◎

書来评论其高低,因为他们看重志向,轻视文才。称赞好的官吏就说他忠心耿耿,忠心耿耿所起的作用,不是在处理公文上。事情可以通过学习达到了解,礼节可以经过练习做到完善,忠贞的节操和公正的操行不是容易树立的。文吏和儒生都有志向,儒生追求忠贞善良,而文吏追求能办好事情。如果有忠良的表现,即使办事生疏、笨拙,对他们高尚的志向没有什么损害。

评论的人认为儒生不会公文,把他们排在下一等。由于法令和比例是文吏断案的依据。文吏处理事情,一定要请教精通法令的人。天子的事务,没有比法令更重要的。因此要以能否精通法令,善于按法令办事来衡量人才能的高低,这样精通法令的人应该最受重视。有人说:"确实是这样。法令是汉朝的经典,文吏的议论取决于它。事情以法令来判定,确实是很明白的。"我说:五经是汉朝所立,儒生完美的政治主张和大道理,都出自五经当中。董仲舒阐述《春秋》的道理,跟今天的法律是符合的,没有什么违反和不同。然而《春秋》,汉朝的经典之一,是孔子写的,留传到汉代。评论的人只尊重精通法令的人,不抬高《春秋》,这是愚昧不明的表现。《春秋》和五经,道理是互相贯穿的,既然赞赏《春秋》,却不推崇五经,这是不懂类推的道理。五经就是阐述原则的。具体事情不如原则重要,原则被执行了,事情就办成了,没有原则,事情就办不成。然而儒生学的东西,正是原则;文吏学的东西,是处理具体事情。假使才能相同,应当以学习原则的儒生为高,好比对于文吏,就像用水洗污泥,用火烧去腥味一样,水与火,是原则,运用它的人,是处理具体事情的,处理具体事情对于原则只是细枝末节。儒生能治理根本,文吏只是处理细枝末节,属根本的原则与属细枝末节的具体事情相比,要判定其尊卑高下,就可以衡量出来了。

飞蓬长在麻中间,不扶自然会直;白纱放进黑染缸,不染自然会黑。这话是说学习的好坏,会改变人的本性,儒生的本性,不都是好的,受圣人孔孟之道的深刻影响,白天晚上地诵读,才得到了圣人的操行。文吏从小就练习写字,只要手练习并且成行，没有文章诵读，也听不到仁义的话。长大做了文吏，舞文弄法，顺着私心为自己，使劲追求个人的权力和利益，审理案件就接受贿赂，治理百姓就搜刮掠夺，处在重要职位时就滥用权柄，得皇上宠幸就出卖地方长官。一旦做官，头戴华丽帽子，身佩锋利宝剑；掌权一年，老百姓的田地房屋一齐兼并。他们本性并非都坏，是所学所作违背了孔孟之道。所以在儒门学习好的东西，趋于接受仰慕正义，其志向和节操就会由于自己努力变得很高尚，高明的地方长官看到这一点，就会重用儒生。东海国的相宗叔庠，广泛招致隐士，春秋会飨，设置三等，按名次先后授官，全府的官吏，儒生占十分之九。陈留太守陈子瑀，广开儒生门路，选入各曹的掾史，都能讲授儒家经书；处理公文的文吏，占十分之一二。这两位地方长官都懂得道和事之间的道理，通晓他们之间数量的多少，所以世人颂扬他们的名声，用书籍记载他们的事迹。

《程材》所论，论材能、行操，未言学、知之殊奇也。夫儒生之所以过文吏者，学问日多，简练其性，雕琢其材也。故夫学者所以反情治性，尽材成德也。材尽德成，其比于文吏，亦雕琢者，程量多矣。贫人与富人，俱赍钱百，并为赙礼死哀之家。知之者，知贫人劣能共百，以为富人饶羡有奇余也；不知之者，见钱俱百，以为财货贫富皆若一也。文吏儒生皆有似于此。皆为掾吏，并典一曹，将知之者，知文吏、儒生笔同，而儒生胸中之藏，尚多奇余；不知之者，以为皆吏，深浅多少同一量，失实甚矣。地性生草，山性生木。如地种葵韭，山树枣栗，名曰美园茂林，不复与一恒地庸山比矣。文吏、儒生，有似于此。俱有材能，并用笔墨，而儒生奇有先王之道，先王之道，非徒葵韭枣栗之谓也。恒女之手，纺绩织经，如或奇能，织锦刺绣，名曰卓殊，不复与恒女科矣。夫儒生与文吏程材，而儒生侈有经传之学，犹女工织锦刺绣之奇也。

贫人好滥，而富人守节者，贫人不足而富人饶侈。儒生不为非，而文吏好为奸者,文吏少道德,而儒生多仁义也。贫人富人,并为宾客,受赐于主人,富人不惭而贫人常愧者,富人有以效,贫人无以复也。儒生、文吏,俱以长吏为主人者也。儒生受长吏之禄,报长吏以道;文吏空胸,无仁义之学,居住食禄,终无以效,所谓"尸位素餐"者也。"素"者,空也,空虚无德,餐人之禄,故曰"素餐"。无道艺之业,不晓政治,默坐朝廷,不能言事,与尸无异,故曰"尸位"。然则文吏所谓"尸位素餐"者也。居右食嘉,见将倾邪,岂能举记陈言得失乎?一则不能见是非,二则畏罚不敢直言。

《礼》曰:"情欲巧。"其能力言者,文丑不好者,有骨无肉,脂腴不足,犯干将相指,遂取间郄。为地战者,不能立功名;贪爵禄者,不能谏于上。文吏贪爵禄,一旦居位,辄欲图利,以当资用,侵渔徇身,不为将贪官显义,虽见太山之恶,安肯扬举毛发之言?事理如此,何用自解于尸位素餐乎?儒生学大义,以道事将,不可则止,有大臣之志,以经勉为公正之操,敢言者也,位又疏远。远而近谏,《礼》谓之诣,此则郡县之府庭所以常廓无人者也。

或曰:"文吏笔札之能,而治定簿书,考理烦事,虽无道学,筋力材能尽于朝庭,此亦报上之效验也。"曰:此有似于贫人负官重责,贫无以偿,则身为官作,责乃毕竟。夫官之作,非屋庑则墙壁也。屋庑则用斧斤,墙壁则用筑锸。荷斤斧,把筑锸,与彼握刀持笔何以殊?苟谓治文书者报上之效验,此则治屋庑墙壁之人,亦报上也。俱为官作,刀笔、斧斤、筑锸钧也。抱布贸丝,交易有亡,各得所愿。儒生抱道贸禄,文吏无所抱,何用贸易?农商殊业,所畜之货,货不可同,计其精粗,量其多少,其出溢者名曰富人。富人在世,乡里愿之。夫先王之道,非徒农商之货也,其为长吏立功致化,非徒富多出溢之荣也。且儒生之业,岂徒出溢哉?其身简练,知虑光明,见是非审,尤可奇也。[1]

　　王充认为当时社会上的儒生和文吏都是社会上的人才,但王充分别通过

---

[1]　王充著,张宗祥校注.论衡校注·量知[M].上海:上海古籍出版社,2010.251—253.

《程材》和《量知》来比较二者之间的不同与差异，进而表明自己的理想人才观。其实不难看出，较比"文吏"，王充更加欣赏的是"儒生"。《论衡·量知篇》是对儒生与文吏在学问和知识方面的衡量，故篇名称之为"量知"。王充认为，儒生身怀节义有学问，懂经学，通先王之道，知晓政治，敢于直谏，有文采；而文吏"好为奸"，"贪爵禄"，没有学问，腹中空空，不晓政治，不能言事，尸位素餐。因而他们为官，在朝廷里的作用是不相同的，"其于朝廷，有益不钧"。

《量知》是《程材》的进一步阐述，就像王充所说的那样，《程材》评论的问题，只评论了才能和操行，没有评论儒生和文吏在学问和知识方面的差异。儒生之所以超过文吏，是因为学问一天一天地增多，通过精心培养他们的性情，完善了他们的才能。所以学习是为了改变自己的感情和本性，使自己的才能和品德完善起来。才能和品德完备了，儒生比起那些同样精心下过工夫的文吏，衡量起来要高明得多。穷人和富人，都拿一百钱送人，一齐作葬礼给办丧事的人家。知道他们情况的人，晓得穷人家只能提供一百钱，认为富人家富足而有多余；不知道他们情况的人，看见钱都是一百，认为钱财贫富都一样。文吏与儒生与这种情况相似。他们都是掾史，都管理一个部门，地方长官了解他们的，知道文吏与儒生文字水平相同，但儒生心里的学问，还多得很；不了解他们的，认为都是下属官吏，知识的深浅多少是同一个水平，这就太不符合实际情况了。地生性长草，山生性长树。如果地栽上冬葵与韭菜，山上种下枣树与栗树，命名叫美园茂林，就不再跟普通地和山一样了。文吏与儒生的情况跟这差不多。他们都有才能，都使用笔墨，但是儒生多有先王之道。先王之道，不仅仅是冬葵、韭菜、枣树、栗树这类普通的东西可比。普通妇女的手，纺纱织布，如果有人有特殊本领，织锦刺绣，就命名叫卓殊，不再跟普通妇女同类了。儒生与文吏，衡量他们的才能，儒生多有经传的学问，就像妇女有擅长织锦刺绣的特别本领一样。

穷人好胡作非为而富人遵守礼节，是由于穷人贫困而富人富足；儒生不为非作歹而文吏喜欢作恶，是因为文吏缺乏道德而儒生具有仁义。穷人和富人，都是宾客，接受主人的恩惠，富人不感到惭愧而穷人常感到惭愧，是由于富人有用来报答的东西，而穷人没有用来回报的东西。儒生和文吏都以长吏作为自己的主人。儒生接受长吏的俸禄，用先王之道帮助长吏作为报答，文吏腹中空空，没有仁义的学问，占着官位，享受俸禄，始终没有东西来报答长吏，这可以说是占着位子白吃饭。素就是空，空虚没有道德，又吃别人的俸禄，所以叫作白吃饭。没有先王之道和技艺本事，又不懂得政治，沉默地坐在朝廷上，不能谈论国家大事，跟尸人没有两样，所以叫作尸位。这样就把文吏称作"尸位素餐"的人。占着重要位子，享受着好的待遇，看见地方长官到处作恶，怎么会向他们上书论述利害得失呢？一是他们不能看清是非，二是他们害怕惩罚不敢直说。《礼记·表记》上说："感情要真诚，言词要美妙。"那些能够竭力进谏的人，文章写得不好，有骨无肉，修饰润色不够，违反了地方长官的意旨，于是就遭到疏远。为地位而争斗的人不可能树立功绩和名声，贪图爵位俸禄的人不可能对长吏进谏。文吏贪图爵位俸禄，一旦当官，就想谋取私利以供自己享受，就想凭着权势榨取别人的财物，而不替地方长官显扬仁义，即使看见滔天的罪恶，怎么肯揭发出有点滴罪行的话来呢？他们像这样处理事务，凭什么把自己从"尸位素餐"的指责中解脱出来呢？儒生学习大道理，用先王之道来帮助地方长官，要是不能这样就辞官退隐，他们有重臣的志向，用经书上的道理勉励自己要有公正的操行，要做敢于进谏的人，但其地位离地方长官很远。地位疏远却硬要接近并谏阻地方长官，《礼记·表记》上说这种人是在巴结、奉承，这就是郡县官府中常常空无贤人的缘故。

有人说："文吏有写文书、章奏的能力，而且能处理好公文，研究和处理繁杂的事务，即使没有学习先王之道，但筋力才能都为朝廷用尽，这也是报答长吏的证明。"我说：这有点像穷人欠了官府很多债，由于贫穷无法偿还，就亲自去为官府服劳役来抵债，这样债才能还清。给官府服劳役，不是盖房子就是筑墙壁。盖房子则用斧斤，筑墙壁则用筑锸。扛斤斧，把筑锸，与那握刀拿笔有什么两样呢？假如说能处理文书就是报答长吏的证明，那么这些建造房屋墙壁的人也算报答了长吏。都是替官府服役，刀笔、斧斤、筑锸的作用是一样的。用布换丝，交换有无，各自得到希望的东西。儒生用先王之道换俸禄，文吏没有交换的东西，拿什么来交换呢？农、商是不同的行业，所积储的货物，不应该一样，盘算下它们的精粗，计算下它们的多少，要是它们远远超出别人就被称作富人。富人在社会上，同乡的人都很羡慕他们。其实先王之道，不仅仅是农商那点货物，它能帮助长吏建立功绩和进行教化，不仅仅是财富多能远远超过别人的那点荣誉。况且儒生的事业，岂只是在数量上超过别人呢！他们自身锻炼，心地光明，看得清是非，这些特别得珍贵。

2. 儒生、通人、文人、鸿儒

故夫能说一经者为儒生，博览古今者为通人，采掇传书，以上书奏记者为文人，能精思著文连结篇章者为鸿儒。故儒生过俗人，通人胜儒生，文人逾通人，鸿儒超文人。故夫鸿儒，所谓超而又超者也。以超之奇，退与儒生相料，文轩之比于敝车，锦绣之方于缊袍也，其相过，远矣。如与俗人相料，太山之巅埵，长狄之项跖，不足以喻。故夫丘山以土石为体，其有铜铁，山之奇也。铜铁既奇，或出金玉。然鸿儒，世之金玉也，奇而又奇矣。

奇而又奇，才相超乘，皆有品差。

儒生说名于儒门，过俗人远也。或不能说一经，教诲后生。或带徒聚众，说论洞溢，称为经明。或不能成牍，治一说。或能陈得失，奏便宜，言应经传，文如星月。其高第若谷子云、唐子高者，说书于牍奏之上，不能连结篇章。或抽列古今，纪

137

著行事，若司马子长、刘子政之徒，累积篇第，文以万数，其过子云、子高远矣，然而因成纪前，无胸中之造。若夫陆贾、董仲舒，论说世事，由意而出，不假取于外，然而浅露易见，观读之者，犹曰传记。阳成子长作《乐经》，杨子云作《太玄经》，造于助思，极睿冥之深，非庶几之才，不能成也。孔子作《春秋》，二子作两经，所谓卓尔蹈孔子之迹，鸿茂参贰圣之才者也。[1]

王充从人性有善恶，纯系"禀气不同"的观点出发，对于儒生，王充把他们分为四个层次。他说："故夫能说一经者为儒生；博览古今者为通人；采掇传书，以上书奏记者为文人；能精思著文，连结篇章者为鸿儒。故儒生过俗人，通人胜儒生，文人逾通人，鸿儒超文人。"至于什么样的人才能称为超等奇才，即"超奇"。王充认为鸿儒是"超而又超"、"奇而又奇"的"世之金玉"。

"儒生"指的是两汉学校培养出来的一般知识分子，他们是儒家传统的培养目标，王充对这种人是不满意的。王充认为两汉学校教育中所培养的儒生在知识结构上是有严重缺陷的，他们的知识只限于五经章句，或知今不知古，或知古不知今，不适时用，这种人人品虽不坏，但也不可重用。

"通人"是"博览古今"的人才。王充说："博览古今者为通人"。"通人"是比儒生高一等的人才，他的知识结构比较合理，他们广泛地阅读各种书籍，但却不能把所学到的书本知识运用于社会实践，他们既缺乏理论思辨的能力，又缺乏实际的任事之才，他们的发展前景也是十分有限的。

"文人"是能够"采掇传书以上书奏记者"，他们"好学勤力，博学强记"，知识渊博，掌古论今，能把社会知识融会贯通，能把书本知识运用于社会生活实践，成为称职的行政管理人才。

"鸿儒"是"能精思著文连结篇章者"，他们是王充理论中的最高级的人才，这种人才能够"兴论立说"，既具有创造性的理论思维能力，又善于实践，他

[1] 王充著，张宗祥校注.论衡校注·超奇[M].上海：上海古籍出版社，2010.278—279.

们不受前人思想束缚，敢于创新。

因而，他的培养目标，第一是"鸿儒"，因为鸿儒能"精思著文"，具有独创精神；第二是"文人"，既掌握古今知识，又能从事政治工作，敢于向皇帝上书言事；第三是"通人"，能博通古今，虽缺乏实际从政的经验与能力，"而以教授为人师者"；第四是"儒生"，只能说一经，犹如鹦鹉学舌背诵经书的章句之生，这种人只比俗人强一点，对社会没有多大的用处。

王公子问于桓君山以杨子云。君山对曰："汉兴以来，未有此人。"君山差才，可谓得高下之实矣。采玉者心羡于玉，钻龟者知神于龟。能差众儒之才，累其高下，贤于所累。又作《新论》，论世间事，辩照然否，虚妄之言，伪饰之辞，莫不证定。彼子长、子云说论之徒，君山为甲。自君山以来，皆为鸿眇之才，故有嘉令之文。笔能著文，则心能谋论，文由胸中而出，心以文为表。观见其文，奇伟俶傥，可谓得论也。由此言之，繁文之人，人之杰也。

有根株于下，有荣叶于上；有实核于内，有皮壳于外。文墨辞说，士之荣叶、皮壳也。实诚在胸臆，文墨著竹帛，外内表里，自相副称。意奋而笔纵，故文见而实露也。人之有文也，犹禽之有毛也。毛有五色，皆生于体。苟有文无实，是则五色之禽，毛妄生也。选士以射，心平体正，执弓矢审固，然后射中。论说之出，犹弓矢之发也。论之应理，犹矢之中的。夫射以矢中效巧，论以文墨验奇。奇巧俱发于心，其实一也。

文有深指巨略，君臣治术，身不得行，口不能泄，表著情心，以明己之必能为之也。孔子作《春秋》，以示王意。然则孔子之《春秋》，素王之业也；诸子之传书，素相之事也。观《春秋》以见王意，读诸子以睹相指。故曰：陈平割肉，丞相之端见；叔孙敖决期思，令君之兆著。观读传书之文，治道政务，非徒割肉决水之占也。足不强则迹不远，锋不铦则割不深。连结篇章，必大才智鸿懿之俊也。

或曰：著书之人，博览多闻，学问习熟，则能推类兴文。文由外而兴，未必实才学文相副也。且浅意于华叶之言，无根核之深，不见大道体要，故立功者希。安危之际，文人不与，无能建功之验，徒能笔说之效也。

曰：此不然。周世著书之人，皆权谋之臣；汉世直言之士，皆通览之吏，岂谓文非华叶之生，根核推之也？心思为谋，集扎为文，情见于辞，意验于言。商鞅相秦，致功于霸，作《耕战》之书；虞卿为赵，决计定说，行退作《春秋》之思，起城中之议；《耕战》之书，秦堂上之计也。陆贾消吕氏之谋，与《新语》同一意；桓君山易晁错之策，与《新论》共一思。观谷永之陈说，唐林之宜言，刘向之切议，以知为本，笔墨之文，将而送之，岂徒雕文饰辞，苟为华叶之言哉？精诚由中，故其文语感动人深。是故鲁连飞书，燕将自杀；邹阳上疏，梁孝开牢。书疏文义，夺于肝心，非徒博览者所能造，习熟者所能为也。[1]

这几段文字出自《超奇》，是王充在前文的基础上进一步对文人和鸿儒的阐述。意思是说，王公子向桓君山打听杨子云（即扬雄）。桓君山回答说："汉朝建立以来，没有谁能超过此人。"桓君山区别人才，可以说是符合人才高下的实际情况。采玉的人心比玉还美，钻龟的人智比神灵。君山能区别儒生的才能，排列出他们的名次，可见比所排列的人贤能。他又作《新论》，评论社会上的问题，辨明是非，虚假的话语，虚伪的文词，没有不被证明确定的。在司马子长（即司马迁）杨子云（即扬雄）等兴论立说的人当中，桓君山算是头一个了。从桓君山以来的那些文人、鸿儒都具有博大精深的才能，所以有美好的文章。他们动笔能写文章，用心能谋划，文章从心中出，思想用文章来表明。观看他们的文章，非同一般，卓越超群，真称得上精辟的论述。这样说来，文章写得多的人，是人中最杰出的了。

文章言辞是读书人的花叶与皮壳。真情实意在心中，文章写在竹简和帛上，

---

[1] 王充著，张宗祥校注.论衡校注·超奇[M].上海：上海古籍出版社，2010.281.

表达内心，自然要互相符合相称。感情激动才能下笔流畅，所以文章有真情而能流露出来。人会写文章，就像鸟兽有毛一样。毛有五颜六色，都长在身体上。如果写文章没有内容，这就像五颜六色鸟兽的毛无故长了出来。选拔武士来射箭，武士要心气平和身体站直，把弓和箭握牢固，然后才能射中。兴论立说一出口，就像弓箭射出一样。论说应当有道理，就像箭要射中靶子一样。射箭是用箭射中靶子来验证其技巧，论说是用文章来证明是否超群。文章超群与射箭技巧都是从心里产生的，它们实际上是相同的。

文章中有深奥的意思，重大的谋略，君臣治国的方法，只是由于他们自己无法实行，口里又不能直说来表达心情，所以用文章来表明自己的看法，认为以后一定能实行它。孔子作《春秋》，是用来表达做君主的道理。然而孔子的《春秋》，是他素王的事业；桓君山一类人的传书，是素相的事业。看《春秋》可以看出做君主的道理，读桓君山一类人的传书，可以看出做相的意图。所以说：陈平分割祭肉，是当丞相的苗头；孙叔敖疏通期思河，是当令尹迹象的显现。观看传书里的文章，有治理国家大事的道理，不仅是分割祭肉、疏通河水的预兆。脚不强劲就走不远，锋刃不锐利就割不深。能连结篇章写文著书，一定是才能大智慧高而完美的杰出人物。

由此可见，王充是把杰出的政治人才和学术人才作为教育的最高目标，这在中国教育史上是有开创意义的。王充还进一步指出了"文人"和"鸿儒"。从桓君山以来的那些文人、鸿儒都具有博大精深的才能，所以有美好的文章。他们动笔能写文章，用心能谋划，文章从心中出，思想用文章来表明。观看他们的文章，非同一般卓越超群，真称得上精辟的论述。这样说来，文章写得多的人，是人中最杰出的了。鸿儒的文章有深奥的道理，重大的谋略，治国的方法，而且能表达出自己真挚的感情，极有文采，能深深地感动人，是世上少有的。

夫鸿儒希有，而文人比然，将相长吏，安可不贵？岂徒用其才力，游文于牒牍哉？州郡有忧，能治章上奏，解理结烦，使州郡连事。有如唐子高、谷子云之吏，出身尽思，竭笔牍之力，烦忧适有不解者哉？古昔之远，四方辟匿，文墨之士，难得纪录，且近自以会稽言之。周长生者，文士之雄也，在州，为刺史任安举奏；在郡，为太守孟观上书，事解忧除，州郡无事，二将以全。长生之身不尊显，非其事才知少、功力薄也，二将怀俗人之节，不能贵也。使遭前世燕昭，则长生已蒙邹衍之宠矣。长生死后，州郡遭忧，无举奏之吏，以故事结不解，征诣相属，文轨不尊，笔疏不续也。岂无忧上之吏哉？乃其中文笔不足类也。

长生之才，非徒锐于牒牍也，作《洞历》十篇，上自黄帝，下至汉朝，锋芒毛发之事，莫不纪载，与太史公《表》、《纪》相似类也。上通下达，故曰《洞历》。然则长生非徒文人，所谓鸿儒者也。

前世有严夫子，后有吴君商，末有周长生。白雉贡于越，畅草献于宛，雍州出玉，荆、扬生金。珍物产于四远，幽辽之地，未可言无奇人也。孔子曰："文王既没，文不在兹乎！"文王之文在孔子，孔子之文在仲舒，仲舒既死，岂在长生之徒与？何言之卓殊，文之美丽也！唐勒、宋玉，亦楚文人也，竹帛不纪者，屈原在其上也。会稽文才，岂独周长生哉？所以末论列者，长生尤逾出也。九州多山，而华、岱为岳；四方多川，而江、河为渎者，华、岱高而江、河大也。长生，州郡高大者也。同姓之伯贤，舍而誉他族之孟，未为得也。长生说文辞之伯，文人之所共宗，独纪录之，《春秋》记元于鲁之义也。

俗好高古而称所闻，前人之业，菜果甘甜，后人新造，蜜酪辛苦。长生家在会稽，生在今世，文章虽奇，论者犹谓稚于前人。天禀元气，人受元精，岂为古今者差杀哉？优者为高，明者为上。实事之人，见然否之分者，睹非，却前退置于后，见是，推今进置于古，心明知昭，不惑于俗也。班叔皮续《太史公书》百篇以上，记事详悉，义浅理备，观读之者以为甲，而太史公乙。子男孟坚，为尚书郎，文比叔皮，非徒五百里也，乃夫周、召、鲁、卫之谓也。苟可高古，而班氏父子不足纪也。

周有郁郁之文者，在百世之末也。汉在百世之后，文论辞说，安得不茂！喻大以小，推民家事，以睹王廷之义。庐宅始成，桑麻才有，居之历岁，子孙相续，桃李梅杏，庵丘蔽野。根茎众多，则华叶繁茂。汉氏治定久矣，土广民众，义兴事起，华叶之言，安得不繁？夫华与实，俱成者也，无华生实，物希有之。山之秃也，孰其茂也？地之泻也，孰其滋也？文章之人滋茂汉朝者，乃夫汉家炽盛之瑞也。天晏，列宿焕炳；阴雨，日月蔽匿。方今文人并出见者，乃夫汉朝明明之验也。

高祖读陆贾之书，叹称万岁；徐乐、主父偃上疏，征拜郎中，方今未闻。膳无苦酸之肴，口所不甘味，手不举以啖人。诏书每下，文义经传四科，诏书斐然，郁郁好文之明验也。上书不实核，著书无义指，"万岁"之声，"征拜"之恩，何从发哉？饰面者皆欲为好，而运目者希；文音者皆欲为悲，而惊耳者寡。陆贾之书未奏，徐乐、主父之策未闻，群诸瞽言之徒，言事粗丑，文不美润，不指所谓，文辞淫滑，不被涛沙之谪，幸矣！焉蒙征拜为郎中之宠乎？[1]

然而，鸿儒少有，而文人比比皆是，地方长吏，怎么能不尊重他们呢？难道只是用他们的能力，在公文上舞文弄墨吗？而是希望州郡长官有忧愁的时候，他们能写章上奏，解决处理困难烦杂的事务，使州郡无事。就像唐子高、谷子云这些官吏，要是出来尽心，完全拿出写公文的本领，那些麻烦和忧患的事怎么会有解决不了的呢？古代很遥远，四处偏僻隐蔽，动笔作文的人，记录有困难，那么暂时就近用自己家乡会稽的事来说。周长生是文人当中的魁首，在州府，是为刺史任安起草奏章，在郡府，也是为太守孟观写奏章，解决了麻烦事消除了忧患，使得州郡无事，二位地方长官的职位得以保全。周长生的身份不显赫，不是他才智低、功力差，而是二位地方长官怀着俗人的节操，不能尊重他。假使遇到前代的燕昭王，那么周长生早已蒙受邹衍那样的恩宠了。周长生死后，州郡的长

---

[1] 王充著，张宗祥校注.论衡校注·超奇[M].上海：上海古籍出版社，2010.282-284.

官遇到了忧患，没有能干的起草奏章官员，因此困难事解决不了，被追究责任押送到相属司直受审，这是由于写文章这一行不受重视，不再有擅长写奏章的人的缘故。那么难道就没有为地方长官分忧的官吏吗？那是他们当中的人，文笔远不如周长生之类的缘故。

一般人喜欢推崇古代而称颂传说中的事情，古人的东西，就是瓜菜也是甜美的；后代的新东西，即使是蜜酪，也是苦辣的。周长生的家在会稽，生长在今天，文章虽然出众，评论的人还是认为比古人幼稚。天供元气，人受精气，难道因为人有古今差别，今人就要降低等级吗？（应该不论古今）优秀的算高超，高明的算上等。尊重事实的人，明辨是非的人，看见错的，即使是古代的，也要降低其位置放在后面，看到正确的，即使是今天的，也要提高其位置放在前面，心智明白，不被一般人的喜好所迷惑。班叔皮续写《史记》百篇以上，记事详尽，讲理透彻，读者认为是第一，而司马迁的《史记》次之。其子班固是尚书郎，文章可以跟他相比，如果用国家大小来比喻文采的高下，那么他们不仅是五百里的大国，而且应称作像周、召、鲁、卫那样的大国。如果要推崇古代，那么班叔皮、班固父子就不值得一提了。可是由于受"好高古而称所闻，前人之业，菜果甘甜；后人新造，蜜酪辛苦"颂古非今思想的影响，地方长官"怀俗人之节"，是些"瞽言之徒"，使得他们不受重视，往往被埋没。因而王充极力强调评论人才应该实事求是，不论古今，好的就应该肯定，坏的就应该贬斥，"优者为高，明者为上"。

（三）论教育内容

《程材》、《量知》，言儒生、文吏之材不能相过；以儒生修大道，以文吏晓簿书，道胜于事，故谓儒生颇愈文吏也。此职业外相程相量也。其内各有所以为短，未实谢也。夫儒生能说一经，自谓通大道，以骄文吏；文吏晓簿书，自谓文无害，以戏儒生。各持满而自（藏）〔臧〕，非彼而是我，不知所为短，不悟于己未足。《论衡》训之，将使愧然各知所（之）〔乏〕。

夫儒生所短，不徒以不晓簿书；文吏所劣，不徒以不通大道也，反以闭暗不览古今，不能各自知其所业之事未具足也。二家各短，不能自知也；世之论者，而亦不能训之，如何？

夫儒生之业，五经也。南面为师，旦夕讲授章句，滑习义理，究备于五经，可也。五经之后，秦、汉之事，（无）不能知者，短也。夫知古不知今，谓之陆沉，然则儒生，所谓陆沉者也。五经之前，至于天地始开，帝王初立者，主名为谁，儒生又不知也。夫知今不知古，谓之盲瞽。五经比于上古，犹为今也。徒能说经，不晓上古，然则儒生，所谓盲瞽者也。

儒生犹曰："上古久远，其事暗昧，故经不载而师不说也。"

夫三王之事虽近矣，经虽不载，义所连及，五经所当共知，儒生所当审说也。夏自禹向国，几载而至于殷？殷自汤几祀而至于周？周自文王几年而至于秦？桀亡夏，而纣弃殷，灭周者何王也？

周犹为远，秦则汉之所伐也。夏始于禹，殷本于汤，周祖后稷，秦初为人者谁？秦燔五经，坑杀儒士，《五经》之家所共闻也。秦何起而燔《五经》？何感而坑儒生？

秦则前代也，汉国自儒生之家也。从高祖至今朝几世？历年讫今几载？初受何命？复获何瑞？得天下难易孰与殷、周？家人子弟学问历几岁，人问之曰："居宅几年？祖先何为？"不能知者，愚子弟也。然则儒生不能知汉事，世之愚蔽人也。温故知新，可以为师；古今不知，称师如何？

彼人问曰："二尺四寸，圣人文语，朝夕讲习，义类所及，故可务知。汉事未载于经，名为尺籍短书，比于小道，其能知，非儒者之贵也。"

儒不能都晓古今，欲各别说其经；经事义类，乃以不知为贵也？事不晓，不以为短！

请复别问儒生，各以其经，旦夕之所讲说。[1]

《程材》、《量知》，讲到儒生和文吏的才能不相上下，因为儒生掌握了先王之道，文吏通晓公文，由于先王之道胜过具体事务，所以认为儒生稍稍胜过文吏。这是在不同职业之间来相互比较衡量，对他们职业范围内各自所具有的短处，没有如实论述。儒生能解说一种经书，就自认为弄通先王之道来傲视文吏；文吏通晓公文，就自认为会处理公文不出差错来嘲弄儒生。他们各怀自满，自以为高明，别人不对而自己对，不知道什么是短处，不明白自己还有不足的地方。《论衡》解答这个问题，将使他们脸红各自知道自己的短处。

王充尖锐地指出："夫儒生之业，'五经'也，南面为师，旦夕讲授章句，滑习义理，究备于'五经'可也。'五经'之后，秦、汉之事，（无）不能知者，短也。夫知古不知今，谓之陆沉，然则儒生，所谓陆沉者也。'五经'之前，至于天地始开、帝王初立者，主名为谁，儒生又不知也。夫知今不知古，谓之盲瞽。'五经'比于上古，犹为今也。徒能说经，不晓上古，然则儒生，所谓盲瞽者也。"这里的"盲"是瞎，"瞽"是聋，王充认为两汉学校教育中所培养的儒生在知识结构上是有严重缺陷的，他们的知识只限于五经章句，或知今不知古，或知古不知今，不适时用，这种人人品虽不坏，但也不可重用。

儒生还可以说："上古已很久远了，那时候的事情昏暗不明，所以经书上没有记载，老师也没有讲过。"夏禹、商汤和周文王、周武王的事情虽然很远，经书上即使没有记载，但道理是相通的，这是研究"五经"的人应该都了解的，儒生们应该清楚地加以解释。夏朝从禹统治国家经过多少年才到殷朝，殷朝从汤经过多少年才到周朝，周朝从文王经过多少年才到秦朝呢？桀使夏朝亡，纣使

──────────
[1] 王充著，张宗祥校注.论衡校注·谢短[M].上海：上海古籍出版社，2010.256—257.

146

殷朝灭，丧失了周朝天下的又是哪个王呢？要是周朝还算远，那么秦朝则是汉朝灭掉的。夏朝从禹开始，殷朝从汤立国，周朝的起祖是后稷，那么秦朝的第一个君主又是谁呢？秦朝烧"五经"，坑杀儒士，这是研究"五经"的人都知道的事。秦始皇因为什么要烧"五经"，又是因什么感触要坑杀儒士呢？要是秦朝还算前代，那么汉朝本是儒生生活的年代。从高祖刘邦到现在是几代，又经过多少年才到现在呢？最初禀受了什么天命，又得到了什么祥瑞呢？汉朝得天下与殷、周相比，哪个难，哪个容易呢？家里的孩子读书过了多少年，有人问他："你住的房子有多少年？祖先是干什么的？"如果都不能知道，就是愚昧无知的孩子。那么儒生不知道汉朝的事情，就是世上愚昧无知的人。复习旧的了解新的，才可以做老师。古今都不知道，怎么能称老师呢？

王充对在守信经文、守信师法的学风束缚下培养出来的儒生给以无情的批判。他认为，在"五经"束缚下的儒生，不了解当今时事，不懂得人类历史，知识贫乏，无一所能。所谓经师也只是徒能说经，传授一些脱离实际和无实用的知识，培养一些愚昧无知的庸人，他称这样的人为瞎子，聋子。王充的批判切中儒经一统天下的时弊，在"儒术独尊"的汉代体现出大无畏的战斗精神，其精神和开拓的思想是难能可贵的。

夫总问儒生以古今之义，儒生不能知，别名以其经事问之，又不能晓，斯则坐守何言师法，不颇博览之咎也。

文吏自谓知官事，晓簿书。问之曰："晓知其事，当能究达其义，通见其意否？"文吏必将屈然。问之曰："古者封侯，各专国土，今置太守令长，何义？古人井田，民为公家耕，今量租刍，何意？一业使民居更一月，何据？年二十三儒，十五赋，七岁头钱二十三，何缘？有腊，何帝王时？门户井灶，何立？社稷、先农、灵星，保祠？岁终逐疫，何驱？使立桃象人于门户，何旨？挂芦索于户上，画虎于门阑，何放？

除墙壁书画厌火丈夫,何见? 步之六尺,冠之六寸,何应? 有尉史、令史,无承长史,何制? 两郡移书,曰"敢告卒人",两县不言,何解? 郡言事二府,曰"敢言之"; 司空曰"上",何状? 赐民爵八级,何法? 名曰簪袅、上造,何谓? 吏上功曰伐阅,名籍墨将,何指? 七十赐王杖,何起? 著鸠于杖末,不着爵,何杖? 苟以鸠为善,不赐而赐鸠杖,而不爵,何说? 日分六十,漏之尽自,鼓之致五,何故? 吏衣黑衣,宫阙赤单,何慎? 服革于腰,"著绚于履,何备?"佩刀于右,舞剑于左,何人备? 冠在于首,何象? 吏居城郭,出乘车马,坐治文书,起城郭,何王? 造车舆,何工? 生马,何地? 作书,何人? 造城郭,及马所生,难知也,远也。造车作书,易晓也,必将应曰:"仓颉作书,奚仲作车。"诘曰:"仓颉何感而作书? 奚仲何起而作车?"又不知也。文吏所当知,然而不知,亦不博览之过也。

夫儒生不览古今,何知一永不过守信经文,滑习章句,解剥互错,分明乖异。文吏不晓吏道,所能不过案狱考事,移书下记,对卿便给,之准无一阅备,皆浅略不及,偏驳不纯,俱有阙遗,何以相言?[1]

在当时,儒生"自谓通大道(先王之道)","能说一经",看不起文吏; 而文吏"自谓知官事,晓簿书",也瞧不起儒生。王充则认为,他们是在不同职业之间,用自己的长处来比别人的短处,若在各自的职业范围内,其短处也是明显的。他便向儒生提出了许多一般儒生无法解答的"五经"中的问题,向文吏提出了许多有关公务中文吏无法解答的问题,并指出这是由于他们"闭暗不览古今"的结果。最后王充总结说,儒生与文吏"无一阅备(完备),皆浅略不及,偏驳不纯,俱有阙遗",没有一个十全十美,学问都片面、杂乱、不完善,都有缺点和不足,没有什么理由值得互相指责。

富人之宅,以一丈之地为内,内中所有,柙匮所赢,缣布丝绵也。贫人之宅,亦以一丈为内,内中空虚,徒四壁立,故名曰贫。夫通人犹富人,不通者犹贫人也。俱

---

[1] 王充著, 张宗祥校注. 论衡校注·谢短[M]. 上海: 上海古籍出版社, 2010.259—262.

以七尺为形,通人胸中怀百家之言,不通者空腹无一牒之诵,贫人之内,徒四所壁立也。慕料贫富不相如,则夫通与不通不相及也。世人慕富不荣通,羞贫不贱不贤,不推类以况之也。

夫富人可慕者,货财多则饶裕,故人慕之。夫富人不如儒生,儒生不如通人。通人积文,十篋以上,圣人之言,贤者之语,上自黄帝,下至秦、汉,治国肥家之术,刺世讥俗之言,备矣。使人通明博见,其为可荣,非徒缣布丝绵也。萧何入秦,收拾文书,汉所以能制九州者,文书之力也。以文书御天下,天下之富,孰与家人之财?

人目不见青黄曰盲,耳不闻宫商曰聋,鼻不知香臭曰痈。痈、聋与盲,不成人者也。人不博览者,不闻古今,不见事类,不知然否,犹目盲、耳聋、鼻痈者也。儒生不览,犹为闭暗,况庸人无篇章之业,不知是非,其为闭暗,甚矣! 此则土木之人,耳目俱足,无闻见也。涉浅水者见虾,其颇深者察鱼鳖,其尤甚者观蛟龙。足行迹殊,故所见之物异也。入道浅深,其犹此也。浅者则见传记谐文,深者入圣室观秘书。故入道弥深,所见弥大。人之游也,必欲入都,都多奇观也。入都必欲见市,市多异货也。百家之言,古今行事,其为奇异,非徒都邑大市也。游于都邑者心厌,观于大市者意饱,况游于道艺之际哉?

大川旱不枯者,多所疏也;潢污兼日不雨,泥辄见者,无所通也。是故大川相间,小川相属,东流归海,故海大也。海不通于百川,安得巨大之名? 夫人含百家之言,犹海怀百川之流也,不谓之大者,是谓海小于百川也。夫海大于百川也,人皆知之,通者明于不通,莫之能别也。润下作咸,水之滋味也。东海水咸,流广大也;西州盐井,源泉深也。人或无井而食,或穿井不得泉,有盐井之利乎? 不与贤圣通业,望有高世之名,难哉! 法令之家,不见行事,议罪不可审;章句之生,不览古今,论事不实。

或以说一经为是,何须博览?

夫孔子之门,讲习五经,五经皆习,庶几之才也。颜渊曰:"博我以文。"才智高者，能为博矣。颜渊之曰"博"者，岂徒一经哉？我不能博五经，又不能博众事，守信一学，不好广观，无温故知新之明，而有守愚不览之暗，其谓一经是者，其宜也。开户内日之光，日光不能照幽；凿窗启牖，以助户明也。夫一经之说，犹日明也；助以传书，犹窗牖也。百家之言，令人晓明，非徒窗牖之开，日光之照也。是故日光照室内，道术明胸中。开户内光，坐高堂之上，眇升楼台，窥四邻之庭，人之所愿也。闭户幽坐，向冥冥之内，穿圹穴卧，造黄泉之际，人之所恶也。夫闭心塞意，不高瞻览者，死人之徒也哉。

孝武皇帝时，燕王旦在明光宫，欲入所卧，户三百尽闭，使侍者二十人开户，户不开。其后，旦坐谋反自杀。夫户闭，燕王旦死之状也。死者，凶事也，故以闭塞为占。齐庆封不通，六国大夫会而赋诗，庆封不晓，其后果有楚灵之祸也。夫不开通于学者，尸尚能行者也。亡国之社，屋其上，柴其下者，示绝于天地。《春秋》薄社，周以为城。夫经艺传书，人当览之，犹社当通气于天地也。故人之不通览者，薄社之类也。是故气不通者，强壮之人死，荣华之物枯。

东海之中，可食之物，集糅非一，以其大也。夫水精气渥盛，故其生物也众多奇异。故夫大人之胸怀非一，才高知大，故其于道术无所不包。学士同门，高业之生，众共宗之。何则？知经指深，晓师言多也。夫古今之事，百家之言，其为深，多也，岂徒师门高业之生哉？

甘酒醴，不酤饴蜜，未为能知味也。耕夫多殖嘉谷，谓之上农夫；其少者，谓之下农夫。学士之才，农夫之力，一也。能多种谷，谓之上农；能博学问，谓之上儒，是称牛之服重，不誉马速也。誉手毁足，孰谓之慧矣？

县道不通于野，野路不达于邑，骑马乘舟者，必不由也。故血脉不通，人以甚病。夫不通者，恶事也，故其祸变致不善。是故盗贼宿于秽草，邪心生于无道。无道者，无道术也。医能治一病谓之巧，能治百病谓之良。是故良医服百病之方，治百人之疾；大才怀百家之言，故能治百族之乱。扁鹊之众方，孰若巧之一伎？子贡曰:"不得其门而入,不见宗庙之美,百官之富。"盖以宗庙、百官喻孔子道也。孔子道美,故譬以宗庙;众多非一,故喻以百官。由此言之,道达广博者,孔子之徒也。[1]

　　王充在《别通》篇中,进一步抨击那些"守信一学,不好广观,无温故知新之明,而有守愚不览之暗"的儒生,称他们是"腹为饭坑,肠为酒囊"的"死人之徒"。由于他们囿于"五经",所以使他们"不闻古今,不见事类,不知然否",王充将这种人比喻为"目盲、耳聋、鼻痈者"。王充作为古文经学的思想代表,仍把儒家经典作为学校教育的基本内容,他强调"文人宜遵五经六艺为文"。但他反对墨守儒经章句,主张遍览群书,涉猎百家之言。因为百家中有"圣人之言,贤者之语,上自黄帝,下至秦汉,治国肥家之术,刺世讥俗之言备矣"。它不仅能"使人通明博见",而且可以改良当时的政治。

　　为培养能够博览古今,善于治世、精思著文的政治人才和学术人才,王充提出以"博览古今,众流百家之言"为教育内容的思想。汉代自武帝起实行 罢黜百家、独尊儒术的文教政策以后,儒家"五经"成为官方必读教材,讲经解经日趋烦琐,"五经"博士各立门户,师法家法极严,不许稍有冒犯。战国时期的百家争鸣局面完全消失,限制了学术思想的发展。到了王充生活的东汉时期,书传记载夸张失实,经典注疏杂入谶纬,使儒学失去本来面目,日益神学化,邪学流行,甚至比较有名望的文人学士也随波逐流,竞相慕习。王充提出的"博览古今、众流百家之言"的思想打破汉代"五经"独占教坛的局面,扩大了教育内容。学习范围不仅有儒家的经典,而且还包括天文、历算、地理、历史等各方面知识。不仅教授儒家思想,而且还应包括法家、墨家、道家等百家之言,尤其要重视当代知识的学习和研究。王充本人就是既有天文、历算、医学等自然科学知识,又有人文历史等社会科学方面的知识,是博览众流百家之言的学者。王充关

---

[1]　王充著,张宗祥校注.论衡校注·别通[M].上海:上海古籍出版社,2010.270—273.

于"博览古今，众流百家"教育内容的主张，对于学术发展有极重要的意义，对于培养德优、才大、多闻博识，深知道术的人才十分重要，在当时的历史条件下是发人深思的，起到了振聋发聩的作用，在中国教育史上具有划时代的意义。

但也应该指出，王充虽然对汉代只重"五经"和信守一家之言的学风十分不满，但他毕竟也是儒者，不可能完全超脱儒家的影响，所以他把礼乐列为重要的教育内容。他希望通过礼的教育来节制人们，以养成谦恭辞让等优良品德，通过乐的教育来陶冶人们，修养好、恶、喜怒哀乐等情感。在这方面，虽然王充没有超出一般儒者的主张，但有不同于一般儒者的地方，他不把礼乐教育的作用过分夸大。在他看来，一定的物质生活条件是礼乐教育能否生效的前提，也就是说，首先要使人们得到温饱和安定的生活，然后才谈得上礼乐教育。他明确指出"礼义之行，在谷足也"。事实证明，在剥削阶级占统治地位的社会里，人民要求的首先是温饱，而不是什么"礼仪之教"。就教育本身而言也是这样，没有一定的经济条件为基础，所谓发展教育也只能是一句空话。王充正确指出，人们物质生活和礼义之道两者是相辅相成的。历史证明，只有在丰衣足食的条件下，才能谈得上对人民的道德训练，形成好的道德风尚。同样，人们优良的思想品德有利于社会安定和促进社会进步，这是符合历史唯物主义观点的。